CB060494

Poesias Reunidas
1985-1999

Luís Filipe Castro Mendes

Poesias Reunidas
1985-1999

Prefácio
PEDRO LYRA

TOPBOOKS

Copyright © Luís Filipe de Castro Mendes, 2001

Editoração Eletrônica
BAW Ltda.

Capa
Adriana Moreno

Revisão
O autor

Todos os direitos reservados pela
TOPBOOKS EDIT. E DISTRIB. DE LIVROS LTDA.
Rua Visconde de Inhaúma, 58/gr. 203 — Rio de Janeiro — RJ
CEP 20091-000   Tel.:(21) 233-8718 e 283-1039
topbooks@topbooks.com.br

Impresso no Brasil

SUMÁRIO

PREFÁCIO — PEDRO LYRA 19
SEIS ELEGIAS 45
    1. 47
    2. 48
    3. 49
    4. 50
    5. 51
    6. 52
A ILHA DOS MORTOS 53
    I — DOS MORTOS, EPISÓDIO 55
    II — A ILHA DOS MORTOS 61
    Música 63
    1. 63
    2. 63
    3. 63
    4. 64
    Falta 65
    1. 65
    2. 65
    3. 66
    Como o coração 67
    A ilha dos mortos 68
    História pessoal 69
    Do medo 1. 71
    Poema 72
    Do medo 2. 73
    Memórias 74
    O amor 76
    Gestos 79

III — CANTO DE AMOR 81
Canto de amor 82
I 82
II 83
O pregoeiro 85
I - DA POESIA 87
Luz 89
Sobre a poesia 90
De Deus 91
De Deus (2) 92
Passagem de nível abandonada 93
Saudade ou que nome? 94
II - MUNDOS POSSÍVEIS 95
Longe da histeria 97
1 97
2 98
3 99
4 100
Colloque sentimental (Verlaine) 101
Província 102
1 102
2 102
Mundos possíveis: 110, Stapleton Hall road 103
Antero de quental 104
Quatro sonetos 105
1 105
2 106
3 107
4 108
Um soneto 109
III — UMA VIDA 111
Uma vida 113
VIAGEM DE INVERNO 117
I — CIDADES NO INVERNO 119
1 120

Sumário

2.	121
3.	122
4.	123
5.	124
6.	125
7.	126
8.	127
9.	128
10.	129
11.	130
12.	131
13.	132
14.	133
15.	134
16.	135
17.	136
II — VIAGEM DE INVERNO	137
1.	139
2.	140
3.	141
4.	142
5.	143
6.	144
7.	145
III — CASAS NO INVERNO	147
1.	149
2.	150
3.	151
4.	152
IV — THE SECOND COMING	153
1.	155
2.	157
V — CRÍTICA DA POESIA	159
Crítica da Poesia	161
A Música da Poesia	162

Poesias Reunidas 1985-1999

O Mistério da Poesia 163
Meditação do califa Omar sobre Alexandria
   (640 d.C.) 164
Petrarca coroado no Capitólio (1341) 165
Carta do senhor Arthur Rimbaud, da Abissínia
   (1885) 166
O fim do Realismo 167
Da Poesia Pura (a partir de Paul Valéry) 168
I 168
II — (Cosa Mentale) 169
Camilo Pessanha regressa a Portugal (1915) 170
Ângelo de Lima (1812-1921) 171
Fernando Pessoa (1888-1935) 172
Vitorino Nemésio (190l-1918) 173
Lamento 174
1. 174
2. 175
3. 176
4. 177
A Imagem no Escuro 178
1. 178
2. 179
3. 180
Os Poetas Esquecidos 181
Os Poetas Mortos 182
Fala dos Poetas Mortos 183
Madame Bovary c'est moi 184
O Adeus à Poesia (com um verso de
   Guido Cavalcanti) 185
VI — CIRCUNSTÂNCIAS 187
Epígrafe com um verso de Jorge Luís Borges 189
1. 190
2. 191
3. 192
4. 193

Sumário

5. 194
6. 195
7. 196
8. 197
9. 198
10. 199
VII — FINDA 201
Fim do dia 203
Finisterra 204
Fin de siècle (epílogo) 205

O JOGO DE FAZER VERSOS 207
  Primeiro livro 209
  Carta a Fernando Echevarría 211
  I — O JOGO DE FAZER VERSOS 213
    Unheimlich 215
    Unheimlich (2) 216
    Contrafacções 217
    1. Don du Poème ou Versos do Pobre Burocrata
       para a Didas 217
    2. Hypocrite lecteur, mon semblable, mon frère... 218
    3. O modo funcionário de viver 219
    4. Nós as vencidos do Surrealismo 220
    5. Sem importância 221
    6. Chanson de la plus haute tour 222
    7. Alguma poesia 223
    8. Balada dá Neve 224
  II — OS IDOS DE MARX 225
    1. Os Idos de Marx 227
    2. Elegia 230
    3. Balanço (Sarajevo, 1994) 232
    4. Fin de Siècle 233
  Finda 235
  Final, em auto-crítica 237
  Segundo livro 239

Poesias Reunidas 1985-1999

Três dedicatórias (para a Didas) 243
1. 243
2. (13–3–1993) 244
3. (Pont-Marie) 245
As Luzes do Deserto 247
As Luzes do Deserto (sextina) 249
Epigramas 251
1. 251
2. 251
3. 251
4. 252
5. (O Falcoeiro) 252
6. 253
7. (7-12-1992) 253
Madrigais 254
1. 254
2. 255
3. 256
4. 257
5. 258
6. 259
7. (7-12-1992) 260
Triunfos 261
1. (Margarida e o Mestre) 261
2. Triunfo do dia 262
3. Triunfo da morte 262
Miniaturas 263
1. 263
2. 263
3. (Cantiga partindo-se) 264
4. 264
5. 265
6. 265
7. 265
Nocturnos 266
1. 266

Sumário

2. 267
Of Splendour in the Grass 268
1. 268
2. 269
3. 270
4. 271
5. 272
Todesfuge 273
Um poeta esquecido 274
1. 274
2. 274
3. 274
Vigília 275
1. 275
2. 276
3. 277
4. 278
FINDA 279

MODOS DE MÚSICA 281
   Dedicatória 283
   DE MEMÓRIA 285
      1. 287
   Diálogos de poetas 289
   Paisagem suburbana 290
   Poética mínima 291
   Ao sul 294
   Entardecer de verão no norte 295
   Amanhecer sobre o deserto 296
   Áfricas 297
   Dois poemas para angola 298
      1. 298
      2. 299
      2. 301
   Relendo versos antigos 303
   De amor 304

Poesias Reunidas 1985-1999

De ti 305
De memória 306
De esquecer 307
Mozart a um anjo 308
De amor (2) 309
Post-scriptum 310
Envoi 311
Envoi 313
Incipit 314
Quatro romances 315
Romance dos corpos 317
Romance de nós 318
Romance dos versos 319
Romance do não 320
Dois modos de música 323
Dois modos de música 325
MODO MENOR 327
1. 329
2. 330
3. 331
4. 332
5. 333
6. 334
FINDA 335
Apenas um soneto 337
Música calada 338
Canção nocturna 339

OUTRAS CANÇÕES 341
I. ANDANTE 343
Dos poetas 345
Das musas 346
Da poesia 347
Três poemas para Margarida Vieira Mendes 3348
1. Regresso à ilha dos mortos 348
2. Para um retrato 350

Sumário

3. Feita de música 351
Três poemas de viagem 352
1. Um museu abandonado 352
2. Um templo 353
3. De viagens 354
Regresso 355
Luanda revisitada 356
Aves em Luanda 357
A uma amiga angolana, vinte anos depois 3358
Aproximação de ouro preto 360
Anoitecer de ouro preto 361
II. ADAGIO 365
Neque lugere neque indignari, sed intelligere 367
Sem um riso 368
What thou lovest well 369
Cansaço 370
Sombra 371
Reencontro 372
Dança 373
Cidade 374
Natal... Na província neva 375
Colinas 376
Ed è subito sera 377
A música da morte 378
À noite 379
Glosa a um soneto de Carlos de Oliveira 380
Ars longa, vita brevis 381
Every poem is an epitaph 382
III. LARGO 383
Canto 385
1. 385
2. 386
Camões na Ilha de Moçambique: uma variação 387
Gonzaga na Ilha de Moçambique: Uma meditação 388
Morte do poeta al berto 389
A uma amiga, na morte de sua mãe 390

E lucevan le stelle ... 391
Entre dois versos ... 392
Elegia no verão ... 393
IV. ALLEGRETTO ... 395
Alexandria ... 397
Sotto voce ... 398
Ut pictura poesis ... 399
Acróstico para prevenir ciúmes ... 400
Glosa a uma ode de ricardo reis ... 401
(Po)ética ... 402
V. CODA ... 403
Finda ... 405

OS AMANTES OBSCUROS ... 407
Parábola ... 409
Noite nos jardins da Gulbenkian ... 410
Inscrição ... 411
A bela adormecida ... 412
Como um adeus português ... 413
Romance da mentira ... 415
Variações sobre um mesmo tema ... 417
Meio do caminho ... 418
Madrigal de noite ... 419
Epigrama ... 420
Madrigal ao jeito de Manuel Bandeira ... 421
Madrigal ao jeito de Carlos Drummond de Andrade ... 422
Soneto para um fado ... 423
Tentação ... 424
A voz que tu me deste ... 425
Das palavras ... 426
Longe do paraíso ... 427
Os amantes obscuros ... 428
Rime petrose ... 429
Glosa de Sá de Miranda ... 430
Esta cidade ... 431
Soneto da infidelidade ... 432

Sumário

Exílio 433
Nós não somos deste mundo 434
Dados biográficos 435
Para uma antologia 435
Outro epitáfio 436
Soneto do escuro 437
O ultimo amor 438
Sonho 439

UM LIRISMO DA HUMANA CONDIÇÃO

Pedro Lyra

Esta edição brasileira reúne, pela primeira vez, a obra poética de Luís Filipe Castro Mendes, poeta português (Lisboa, 1950) ora radicado entre nós, como Cônsul do país-irmão no Rio de Janeiro. São 6 títulos, todos publicados pela Editora Quetzal de Lisboa, mais um conjunto inédito.

O poeta estréia em 1985 com *Seis elegias e Outros poemas:* portanto, tardiamente, aos 35 anos, já no final da faixa de juventude. Desse livro, ele preservou apenas 6 elegias. O fato de haver excluído os demais poemas aponta para um senso de autocrítica que sugere não se realizarem ali a poética e a visão de mundo exploradas no prosseguimento da obra.

As elegias são breves textos problematizando o envolvimento amoroso. A primeira escapa ao usual de deslocar o caso para o futuro ou para o passado. Ele enfoca o amor no presente – nem ainda apenas desejo nem já apenas recordação (p. 7):

> *Agora o quarto oferece toda a inclinação da luz*
> *aos dedos que tremem só de aflorar*
> *o que da carne é já incorruptível saber*
> *e crispação sem causa natural.*

Nas demais elegias, essa dimensão do amor em ato se articula naturalmente com as outras duas, a integrá-lo na plenitude da circularidade temporal: a do passado, na segunda ("Recordas, / muito a pesar teu, / a sombra que te continha" – p. 8), e a do futuro, na terceira ("Porque é tão ansiosamente que espero por ti?" – p. 9). O que permanece não é o consolo da lembrança ou um resquício de desejo, mas a cristalização da experiência vivenciada em poesia, embora ainda sem a explicitação de sua proposição em verso.

A ilha dos mortos (1991) é o segundo título, 6 anos após a estréia. A partir dele, todos estão reproduzidos integralmente.

Trata-se de um pequeno volume de 80 páginas, dividido em duas partes: "A ilha dos mortos" e "O pregoeiro", ambas subdivididas em três.

"Dos mortos, Episódio" abre a coletânea com um único poema, relativamente extenso, com esse mesmo título. Na evocação dos mortos, o que o poeta evoca mesmo é a memória ancestral da raça: "os que / escreveram a nossa crônica" (p. 9) – expressão repetida várias vezes ao longo do texto. É uma reconhecida homenagem aos que fizeram a pátria na história, tanto na história acontecendo quanto na história narrada – "nosso vagar e / nossa aventura" (p. 10), tecida "no seu desenhar incerto entre os mapas / e a História" (p. 11).

A idéia central deste poemeto – e de todo o livro – é a idéia bergsoniana da *durée*, radicalmente decisiva dos destinos da poesia (e do próprio ser), sem a qual pode vigorar a história-acontecimento, mas não a história-narração. Ela aparece na maior parte dos poemas, como verbo ou substantivo. "Reconheces agora como duram?" – indaga dos mortos o autor (p. 11), a implicitar a resposta: se duram, é que foram autênticos e relevantes. Permanecem na memória dos descendentes, tanto os feitos quanto a sua evocação. Nosso cotidiano vai "tornando insuportável o viver urbano" mas eles vão "durando contra a cidade" (p. 11), que ameaça ruir a cada crise política ou econômica. É que eles vão também confirmando a sua atuação.

Numa passagem nuclear, com expressiva exploração da ambiguidade do oblíquo "nos", o poeta registra (p. 11):

> *A trama do poema,*
> *o urdir da história,*
> *deixaram-nos indiferentes.*

A princípio, esse pronome se reporta apenas aos cronistas *(eles)*, que já não podem captar nem o acontecer dos fatos nem a sua transfiguração pelo poema; mas, na sua duplicidade semântica, se reporta também aos agentes e a todos os pósteros *(nós)*, negligentes em face desses dois fenômenos decisivos de uma nacionalidade.

O título do segundo segmento, com 11 poemas, é o mesmo do volume, e também de um de seus poemas, reproduzido na contracapa. Deve ser um dos preferidos do autor e por isso convém lê-lo com mais atenção. Trata-se de um questionamento da relação amor e morte – o eterno confronto Eros x Tânatos:

> *Não conhecer a paixão*
> *é o privilégio dos mortos*

afirma o poeta (p. 20), insinuando todos os dramas vitais decorrentes da paixão, e assim promovendo a radical identificação entre amor e vida e sugerindo o triunfo de Eros.

O terceiro segmento, "Canto de amor", contém apenas um poemeto, com esse título. Atravessando a recusa de toda afetação ("depor qualquer ênfase importuna" – p. 38) e a exaltação da reciprocidade do sentimento ("São longas e simples as cerimônias do coração" – p. 39), a idéia central deste belo canto é ainda a de duração (p. 38):

> *porque quero fazer perdurar a reverberação da tua voz*
> *na minha solidão.*

Trata-se apenas de uma constatação do mais puro realismo: sem duração, nada justificaria o nascimento – nem o amor, nem a arte nem o próprio ser, e Tânatos venceria o combate com Eros. Cabe à poesia a tarefa de evitar essa derrota e promover a permanência.

A segunda parte, "O pregoeiro", apresenta no primeiro segmento 6 poemas sob o título geral de "Da Poesia", com o esboço de uma poética concebida como substância, não tanto como expressão, condensada naquele coração que (p. 45)

> *se enreda no corpo*
> *e sem palavras te abandona este poema.*

Temos aí uma síntese do fazer poético, em que a poesia – pelo trabalho do poeta – transita da condição de substância à de expressão, objetivando-se no texto, sempre aquém do sugerido ou desejado: "só às vezes pousa no poema" (id.). Essa perda é a medida da defasagem entre o que se sente/pensa e o que se diz, porque "pesam / a linguagem, os sentimentos / humanos" (p. 48), no instante da tentativa de expressá-lo. É a mesma tese formulada, um século antes, por Olavo Bilac no célebre soneto "Inania verba":

> *E a palavra pesada abafa a idéia leve,*
> *Que, perfume e clarão, refulgia e voava.*

Mais uma vez, neste segmento retorna a idéia de duração: "Obstinadamente digo do que dura" (p. 51). Porque, se o poema não durar, morre – e assim com ele o

Prefácio

poeta. É a plena consciência desse fenômeno que o poeta coloca no centro da sua poética, logo no início.

O segundo segmento, "Mundos Possíveis", com 10 poemas, retoma do primeiro, "Longe da histeria", subdividido em 4 textos, a idéia de poesia como substância, centrando-se no instante da criação – naquele trânsito à expressão (p. 55):

> *Mas a consolação,*
> *rápida fuga.*

A poesia irrompe "de um movimento sem nome" (id.) e que é exatamente o impulso gerador do texto, mas não demora – e fica a consolação que as palavras obtidas podem proporcionar nesse processo e nessa tentativa de apreendê-la justamente para fazê-la durar pelo menos além da manifestação. Ainda aqui, é a mesma situação descrita por outro parnasiano brasileiro, Alberto de Oliveira, no igualmente célebre soneto "Horas mortas":

> *Chegas. O ósculo teu me vivifica.*
> *Mas é tão tarde! Rápido flutuas,*
> *Tornando logo à etérea imensidade.*

O segmento fecha com uma série embora breve de sonetos, onde se alternam a metapoesia, reafirmando a tese exposta ("A imagem não retém o que perdura" – p. 67), e o amor, a lembrar o culminante Musset das *Nuits* num belo dístico (p. 74):

> *Aqui, serenos como estátuas, os lugares do amor*
> *convertem-se em ruínas...*

O poeta sonha com uma fusão ideal, tanto para a poesia quanto para a vida, o que sem dúvida permitiria a duração (p. 63):

> *um mundo regido por inclinações de afecto,*
> *subtraído às ordens e aos poderes do mundo.*

O reverso da duração é o desaparecimento: os seres duram ou desaparecem. No primeiro verso do primeiro segmento de "Província", ele, com plena convicção e segurança, desafia e proclama (p. 61):

> *Aqui enfrentamos juntos a beira do esquecimento.*

E este acaba sendo o trabalho maior do poeta, como de todo artista e, mesmo sem plena consciência, o desejo profundo de todo ser humano: algo para escapar a esse destino trágico, que consome a maioria e a arrasta para o nada — as vidas duplamente apagadas, na sua duração e na memória.

O último segmento contém também apenas um poemeto — o belo poemeto que o intitula, "Uma Vida". Naturalmente, a vida do poeta — o próprio autor ou qualquer poeta, problema introduzido nos primeiros versos: "Quem se debruça e se demora / neste poema?" (p. 77). Simbolizado pela figura do "pregoeiro" — "o sombrio servidor do poema" — o poeta adentra "pelas águas do rio", que simboliza a existência, à procura fatal da razão de existir. Não encontra: sobrevém a dor, "como quinhão obscuro de uma glória / indizível". E aí se define a idéia de poesia disseminada nos poemas anteriores — a poesia como sublimação (p. 79):

> *o poema*
> *transfigurado, em rotação sobre si próprio.*

Como se deduz, e ao contrário do que sugere o título, o livro não aborda apenas a morte: o autor estabelece um diálogo contínuo entre morte, amor e poesia, em que o amor fecunda a poesia para superar a morte – como em todo o alto lirismo. E o nome que ocorre como modelo é ainda o de Camões.

O terceiro livro é *A viagem de inverno* (1993), este apenas 2 anos depois do anterior. Com 100 páginas, o volume se divide em 7 partes.

A primeira, "Cidades no inverno", reúne 17 sonetos, sendo 14 ingleses e 3 romanos. São belos sonetos de amor, que fundem o pessoal e o social, e empreendem uma velada crítica ao estágio atual da vida urbana nos grandes centros, crítica introduzida em *A ilha dos mortos*. A visão é de denúncia e a tese está lançada logo no primeiro soneto (p. 9):

> *Pois as cidades têm por memória*
> *um campo de ruínas sem perdão.*

O que temos a seguir é a exibição de um fragmentado painel de contrastes, em que os elementos negativos predominam amplamente. Se logramos, por momentos, "a matéria luminosa / da paz e da palavra que nos fala / de um silêncio que há dentro da rosa" (p. 11), o que defrontamos com frequência diária é o panorama da corrupção: "Vai ferida no coração a terra vã" (id.). Ou como na abertura do soneto final, a reiterar o cenário da devastação (p. 25):

> *Pois saem as cidades deste inverno*
> *em amortecido fulgor feito ruína.*

E a busca humana pela solução resulta sempre inconsequente, e tanto no plano do real quanto no do poético (p. 13):

> *nem manhã nem poema podem dar*
> *o que o teu corpo à noite foi buscar.*

Ou seja: nem a poesia nem o amor preenchem esse vazio de insatisfação, como na sugestiva 3ª estrofe do belo soneto 13 (p. 21):

> *Paixão do mundo dita numa rosa*
> *nascida do tremor do teu olhar,*
> *amor que rompe a treva luminosa*
> *sem palavras nem coisas para te dar.*

A segunda parte, "Viagem de inverno", e a terceira, "Casas no inverno", são breves painéis, com apenas 7 e 4 poemas, como a quarta, "The second coming", com apenas 2, e prolongam a visão exposta na primeira, com a mesma postura, implicitando uma crítica a certos comportamentos individuais (p. 35):

> *sem razão brutal que sobrenada*
> *às almas e paixões, quando escurece.*

Mais provocante é a quinta parte, objetivamente subintitulada "Crítica da poesia". São poemas em que o autor teoriza ou comenta temas e nomes da tradição poética ocidental. Ele fala de coisas pertinentes à poesia, como a crítica, a música, o mistério, as escolas, a pureza, a imagem, e de poetas que provavelmente compõem a sua família espiritual, como Petrarca, Rimbaud, Valéry, Pessanha, Pessoa, Nemésio e outros.

Nos textos do primeiro grupo, ele desenvolve a idéia de poesia expressa no livro anterior, sobretudo em "A música da poesia", onde rejeita teses de outros poetas (como "conversa inteligente", de Eliot, p. 52) para contrapor a idéia de um "excesso" – aquela mesma substância

Prefácio

que inunda tanto a mente do poeta que as palavras são insuficientes para captá-la. E paralelamente amplia a idéia de duração, no poema a Rimbaud (p. 56), como que se reportanto à proposição benjaminiana da arte como alegorização da ruína:

>*O que dura nas coisas é a lenta
afirmação do verso contra a bruma.*

De todo este segmento, sobressai "Os poetas esquecidos", lúcida visão da ilusão que alimenta e destrói os poetas medíocres: "São notas de rodapé / para a posteridade" e "têm morte diária / ou leitores ao acaso" (p. 71). Doloroso, mas é a verdade do destino da maior parte das pessoas que consomem a vida a escrever versos.

A sexta parte, "Circunstâncias", com 10 textos, privilegia a memória da infância dando margem para uma espécie de evocação do trajeto do ser já consciente da missão de poeta, concebida como predestinação, fruto não de uma decisão ou uma escolha mas como resultante de uma aceitação e um cumprimento, em versos como (p. 80):

>*Em casa, na província, escrever versos:
premonição que vem de uma outra vida.*

A última parte, "Finda", fecha o volume com 3 sonetos centrados na idéia de termo: "Finisterra" exibe, em grave tom lírico-dramático, não a emoção de um indivíduo, mas o sentimento de um povo em face de sua história (p. 94):

>*se desfazem as quimeras
nas falésias desertas do real.*

Poesias Reunidas 1985-1999

Como se depreende, o título do volume é puramente simbólico: a viagem não se constitui de um percorrer de espaços turísticos, mas de um regresso por dentro da memória; e o inverno não se exibe como um fragmento nevado de tempo, mas como um estado de espírito em que a viagem se processa. São representações alegóricas de atitudes e estados interiores.

O quarto livro, *O jogo de fazer versos* (1994), é um volume de 80 páginas, apenas um ano depois – o que já nos autoriza a deduzir um compromisso contínuo do poeta, superado o intervalo maior entre o primeiro e o segundo.

Está dividido em dois "livros". O Primeiro abre com uma "Carta a Fernando Echevarría" (p. 11), espécie de manifesto que preanuncia a estética consumada na obra: o autor solicita "medida" e "rigor" para esquivar-se das "mastigadas fórmulas" de uma poética ultrapassada, tais como o "academismo (...) sem cor e sem surpresa" (p11). Essa poética ele vai desenvolvê-la a seguir.

A primeira parte, "I) O jogo de fazer versos", intitula todo o livro e consolida uma dicção que vinha se esboçando nos volumes anteriores: uma dicção abstratizante no seu metaforismo ampliador da realidade tematizada, algo próxima do surrealismo, claramente indicada nos versos de "Nós os vencidos do Surrealismo", retomada de "Nós os vencidos do Catolicismo" de Ruy Belo. Aqui, o poeta se percebe "lutando sempre à beira do sentido" (p. 20). A contrapartida desse procedimento está em "Contrafacções", explicitada no subtítulo "Versos do Pobre Burocrata", onde ele assume um tom agora algo próximo da sátira, como na abertura (p. 17):

Trazer-te a casa restos de lirismo,
versos em saldo de emoções passadas.

Prefácio

E que se prolonga num soneto semelhante, "O modo funcionário de viver" (título tomado a Alexandre O'Neill – p. 19):

> *E vemos flutuar à nossa volta*
> *um rumor sem um eco de revolta.*

No fundo, é uma condenação à cotidianidade e ao convencionalismo, tanto na vida como na poesia, constantes da proposta surrealista, reafirmada em "Alguma poesia", como também se vê logo na abertura: "Há poesias só feitas do mover / que de si mesmo traça o pensamento". Tudo isso se articula com a meta maior e também constante do poeta, como vimos ressaltando (p. 23):

> *Nenhum poema dura se o não vê*
> *essa razão.*

Mas a parte mais substancial e mais provocante deste livro é a segunda, "Os idos de Marx": se a primeira oferece a poética, esta oferece a ideologia. Trata-se de uma revisão crítica do marxismo, a partir do reconhecimento do seu papel na história do século. São apenas 4 poemas: o que a subintitula (p. 27-29), uma "Elegia", um "Balanço" e um outro "Fin de Siècle".

No poema de abertura, o poeta registra, logo na estrofe inicial:

> *Proletários de todo o mundo, ouvi-me!*
> *Venho aqui enterrar o marxismo*
> *e não elogiá-lo. Seu mal aqui*
> *sobreviva, enquanto o bem que fez*
> *na comum vala da História com*
> *os outros ideais ora passados*
> *repouse e se desfaça lentamente.*
> *Assim seja também com o marxismo.*

Assim isolada, a leitura desta estrofe não admite outro sentido: o poeta reconhece que o marxismo trouxe algo de mal e algo de bem, como outros projetos ideológicos, mas está morto e é preciso enterrá-lo. Entretanto, a sequência do poema vai inverter essa mensagem – como se pode pressentir das estranhas prescrições ao bem e ao mal – através de uma magistral exploração do recurso da ironia, que limita com o sarcasmo.

Quem, de fato, condena o marxismo no poema é a figura emblemática do "Filósofo" – aqui representando a direita de um modo geral. E o poema se desenvolve então na forma camuflada de um embate entre o poeta e o filósofo.

Este condena no marxismo a "ambição" e o poeta como que a admite, mas sob forma dubitativa. E lhe opõe o fato de ter sido "Do Povo amigo", com algumas das realizações do Estado socialista:

> *Trouxe aos trabalhadores a segurança*
> *do Estado-Providência, a proteção*
> *da igualdade possível na dureza*
> *da desigual repartição capitalista.*

Está assim instalado o confronto, que o poeta conduz para o sarcasmo através da reelaboração da célebre ironia shakespeareana:

> *Mas de ambicioso aqui o chamou*
> *o Filósofo. Que é homem honrado,*
> *pois todos aqui são homens honrados.*

O poeta então questiona se é mesmo ambição (e, se fosse, se seria condenável) sonhar com aqueles ideais. E aporta ao já reconhecido pela História: a "ambição" não era do marxismo, mas daqueles que em seu nome se apos-

Prefácio

saram das máquinas estatais de alguns países – e o desfiguraram:

> *Porém foi o pior o que lhe destes:*
> *a ambição desmedida do poder*
> *a coberto da falsa ideologia.*

Evocando o conteúdo ético do marxismo, o poeta apela a seguir para a "decência" e lembra a proposta sintetizadora:

> *falta-nos só compreender o mundo*
> *que perdemos de tanto transformar.*

É uma lúcida inversão do célebre repto feito por Marx à filosofia, empreendida a partir da constatação do fracasso das muitas tentativas de transformar o mundo: fracassaram justamente porque não o compreenderam.

O poemeto se encaminha para o desfecho em atitude de lamento pela perda da oportunidade histórica, mas num tom épico:

> *Ontem ainda a força do marxismo*
> *erguia pelo mundo as massas proletárias.*
> *(...)*
> *Ah! camaradas, assim nós estivéssemos*
> *prontos para uma nova insurreição!*

E essa epicidade preserva a esperança de um retorno: na paisagem histórica do momento, o poeta não vislumbra outra mensagem, outro ideal:

> *Fosse eu um filósofo,*
> *em vez de um pobre homem, e levantaria*
> *para a Revolução todo esse povo.*

Poesias Reunidas 1985-1999

> *(...)*
> *nós deixamos só toda esta esperança.*
> *Que este era um Ideal. E onde há outro?*

Conclusão: não era uma ambição – era um ideal. Ousado, como os grandes ideais. E, ao contrário do que se leu na primeira estrofe, sobrevive – e é preciso renová-lo.

Não obstante a proximidade de algumas passagens com o registro enunciativo da prosa, este é um dos mais significativos textos recentes da poesia em língua portuguesa, sintonizado com a realidade que marcou o nosso século. Sua mensagem se reafirma no soneto "Fin de Siècle" (p. 33):

> *Se nos morreu às mãos toda utopia,*
> *é que sobra em palavras a Poesia.*

E aí temos mais uma reiteração da relação poesia-história: desmorona a realidade, a arte a transfigura – e a eterniza.

O Segundo Livro consta de apenas um bloco de 12 poemas, mais outra "Finda", nos quais o poeta retoma o tom lírico dos anteriores, alternando com uma dicção pontificante nos 7 "Epigramas" ou evocativa nos 7 "Madrigais".

Em confronto com os três primeiros, o quarto livro alarga o olhar, que se estendia das questões pessoais às nacionais, para as questões universais, em ampla sintonia com seu tempo.

O quinto livro é *Modos de música* (1996), volume de 70 páginas, 2 anos depois do anterior.

Dividido em 6 partes, abre com "Dedicatória", espécie de antecanto anunciador da matéria desenvolvida. Trata-se de outro soneto inglês (que o poeta prefere ao romano), em que ele aprofunda o questionamento da idéia-chave da duração, articulada com o seu reverso: a busca da permanência ("A quem não basta a vida") e o lamento pela falha ("Durou o nosso enredo uma só noite"). Ainda aqui, a tarefa da conquista é uma missão da poesia: "um feixe de sombras imprecisas" onde "arde o que resta a quem não basta a vida" (p. 7). Ou seja: o poema que dura e que, ao durar, resgata essa vida que não basta.

Essa proposição se encontra reforçada pelo esquema rímico adotado nos quartetos iniciais do soneto: os versos ímpares rimam com termos variantes ("procura", "fuga", "figura", "escuras"), mas nos pares, em lugar da rima, temos a repetição dos mesmos vocábulos "noite" e "morte", a reiterar a advertência para o prenúncio (noite) e a consumação (morte) do desaparecimento, que a poesia tem de evitar. Talvez para deter o olhar crítico do leitor, o poeta transcreveu o primeiro quarteto na contracapa.

A segunda parte, "De Memória", está dividida em duas não subintituladas, mas numeradas. Em 1) o poeta empreende uma jornada múltipla, ora pela poesia (em "Diálogo de poetas", p. 13), ora por locais de uma experiência pregressa, mas aqui com dupla dimensão: uma consiste em evocações gratificantes, como em "Aterragem em Bruxelas" (p. 16):

(Maravilha escutar o que durava
na pedra prometida!)

mas a outra se reveste de certa complexidade, por vincular-se a evocações das delicadas relações entre Portugal e suas ex-colônias, como ao referir-se à África de um modo geral (p. 21):

Poesias Reunidas 1985-1999

> *Coube-nos todo*
> *este peso da História e esta surpresa*
> *de te reconhecer como eu respiro.*

porém, mais diretamente, quando particulariza o olhar sobre o caso mais dramático, que é o de Angola (p. 22):

> *no olhar tanta guerra, tantos dias*
> *usados em tão só sobreviver,*

ou, mais diretamente ainda, quando visualiza as consequências afinal positivas do conflito para todo um povo, com a conquista da independência (p. 23):

> *Dito doutra maneira, noutra lei:*
> *guerra nos deu o ser, nosso crescer;*

Em 2) o poeta reúne um bloco de 8 poemas centralizados novamente na temática amorosa, lembrando, em certos momentos, o Pessoa das *Odes* de Ricardo Reis, como em "De ti" (p. 29):

> *Tenho impressa na alma a fugidia*
> *distância que me dás.*

A seguir, um *"Envoi"*, com apenas dois sonetos ingleses, em que o poeta remete literalmente mensagens a dois companheiros de viagem: Fernando Pinto do Amaral e David Mourão Ferreira, em versos de comovente sentimento fraternal (p. 38):

> *E se em vez das palavras fosse um eco*
> *de pura solidão que te chamava?*

Prefácio

Em "Quatro romances" o poeta se prende ao ritmo compassado do hexassílabo para novamente cantar o amor, como em "Romance do Não" (p. 45):

*Cantamos este não
por dentro da idade
que nos coube viver.*

a realçar a negatividade do sentimento como fonte maior da desejada duração, nítido no dístico (p. 41):

*De nunca possuir
é feito o nosso amor*

como a ecoar o primeiro Vinícius de Moraes, o de "Ausência", com o idealismo do "Não te quero ter porque em meu corpo tudo estaria terminado".

A parte nuclear do volume, e porque aqui está o poema que o intitula, é a quarta, "Dois Modos de Música", com apenas um texto, um breve e belo poema com esse título. O poeta aponta dois modos de música e os identifica com o amor – um pela mulher, outro pela poesia. Trata-se de mais uma tríplice fusão, estabelecendo um integrador contraponto com o anterior: não mais a de amor-poesia-morte, mas o seu reverso, a de amor-poesia-vida (p. 50):

*em tudo quanto amei
duas músicas distintas.
São dois modos de música
em que arde o coração:
este amor literal
e o que é só da canção.*

Em "Modo menor", reúnem-se 6 poemas também na forma do hexassílabo, o metro preferencial deste volume, em que o poeta insiste na motivação amorosa. A idéia central é mesma exposta na "Ausência" viniciana e no "Romance do Não" (p. 56):

*É coisa só mental
este amor que perdura:*

Ou seja: reduzido à conjunção carnal, sem a perspectiva da duração, o amor deixa de ser desfrute – é apenas consumo.

Também este livro fecha com uma "Finda", com 3 poemas. Na primeira estrofe de "Apenas um Soneto" (p. 61), condensa-se toda a compreensão do ser e da poesia como encarados por Luís Filipe Castro Mendes – e que deixaremos para comentar no final.

O sexto livro é *Outras canções* (1998), também apenas dois anos depois do anterior.

Com título musical, o volume apresenta uma estrutura de sinfonia. Abre com "I) Andante", a que se segue "II) Adagio", "III) Largo", "IV) Allegretto", e conclui com "V) Coda", fechando – como os anteriores – com uma "Finda". Mas o conteúdo dos poemas de cada uma não apresenta a especificidade das partes componentes de uma sinfonia: todas elas reúnem poemas de temática diversificada, com predomínio para a metapoesia e uma continuidade daquela meditação sobre a condição humana, centrada no amor e na morte.

A epígrafe de Ruy Belo – "O receio da morte é a fonte da arte" – fornece a tônica do livro e retoma a idéia dominante desta obra em curso: a de duração. Recorre-se à arte para superar a morte – e durar.

Prefácio

Logo na abertura, deparamo-nos com o desenvolvimento dessa idéia nos 3 poemas iniciais de "Andante", como em "Dos poetas", o primeiro, onde o autor teoriza agora diretamente sobre o poema, não tanto sobre a poesia (p. 11):

Com pérolas de vento, escassas sílabas
se faz o que perdura.

Obviamente, o que perdura é o poema e aquilo de que ele fala. Mas essa poética se estrutura mais através de proposições interrogativas, como em "Das musas" (p. 12) ou "De viagem" (p. 20) ou, mais eloquentemente ainda, em "Sotto voce" (p. 64).

Mas é nos poemas iniciais de "Adágio" que o poeta ensaia um vôo mais alto, no rumo de uma poesia mais reflexiva e voltada para uma problemática existencial menos colada ao sujeito que a experimenta, seja no poema em que traduz um teorema de Espinoza ("tão só o entendimento" – p. 33) ou quando retoma uma proposição de Sêneca ("Como encenaríamos nós (...) a hora da nossa morte?" – p. 34). E é a morte que acaba dominando o restante do livro, sempre associada ao desencanto da velhice, como no belo lamento pela condição humana que é o poema com título inglês "What thou lovest well" (p. 35), resumido neste dístico:

Não podem devolver-nos o fulgor
que nos brilhou no corpo, quando amor.

A velhice (da qual o poeta ainda se encontra distante) se configura não apenas como o estágio terminal da existência, mas como uma humilhação ao ser, pela exposição da impotência diante de sua fatalidade, com as perdas que acarreta (p. 63):

Poesias Reunidas 1985-1999

> *Amamo-nos tanto que não suportamos*
> *ver-nos envelhecer.*

No fundo, esses poemas consistem na confissão da revolta humana com a precariedade do corpo e a conseqüente insuficiência da vida, como no belo soneto a Camões (p. 53):

> *vejo marcada a sorte desditosa*
> *de envelhecer sem ti e sem medida*
> *das vidas e dos versos que perdi.*

que parece retomar intencionalmente, para nova articulação amor-poesia-vida, uma passagem de "Universidade de verão", de *Modos de música* (p. 17):

> *Eu tinha palavras e deixei-as partir,*
> *tão longe da harmonia e da invenção.*

Essas palavras perdidas são exatamente o resultado da não-apreensão daquele fragmento da substância poética na expressão verbal, e que não se objetivam na forma do verso: não são criadas como lexemas ("tão longe da invenção") nem adquirem elocução em sintagmas ("tão longe da harmonia"). Sua contrapartida são aquelas mortas "palavras em estado de dicionário" da *procura* de Drummond.

Nesse soneto a Camões, o poeta retorna ao enfoque das relações Portugal-África, introduzido no livro anterior. O Bardo está em Moçambique e estranha a ambiência:

> *este mar*
> *onde o sol se levanta não é nosso,*
> *desconheço-lhe o sal nas minhas veias.*

atualizando sutilmente aquela voz anticolonialista que, ao lado da voz imperialista, fala com eficácia dramática n'*Os Lusíadas* (como tentei demonstrar em "Imperialismo e igualitarismo em *Os Lusíadas*", de *O dilema ideológico de Camões e Pessoa*. Rio, Philobiblion, 1985), exibindo portanto um Camões bem atual.

O lamento pela precariedade/insuficiência da vida retorna em "Largo", na igualmente bela "Elegia no Verão" (p. 59), mas agora como uma hipótese de redenção:

> *Que faremos aqui, na curta espera*
> *que nos consente a vida e o dizer?*

A resposta está implícita: poesia, arte – única criação humana capaz de redimensionar essa espera a fazer a vida durar mais. Sem isso, o que resta é a frustração, a perda do sentido de vida na maior parte dos indivíduos. Numa palavra, o fracasso (p. 63):

> *e a suspeita de um riso de palhaço*
> *onde coisa nenhuma durou.*

E esta é a idéia que fecha o volume, na "Finda" da "Coda": "A conclusão de tudo é só a morte". Mas o verso final estabelece o contraponto da insubmissão: "longe do coração começa a História" (p. 71), reforçado pelo sutil detalhe do remate do livro com uma pós-epígrafe, tomada a Umberto Saba: "É o pensamento da morte que, afinal, ajuda a viver" (p. 73). Para tentar retardá-la. Ou superá-la, num poema.

A esses 6 volumes publicados no espaço de 13 anos, o poeta acrescenta agora um conjunto inédito, *Os Amantes Obscuros,* com 22 poemas escritos em 1998-99.

Poesias Reunidas 1985-1999

O título deixa claro: com uma ou outra derivação para uma temática próxima do que se convencionou chamar de circunstância, são poemas de amor, de expressão e vivência diversificadas: ora o soneto, ora o poema livre de estrofação e medida; ora a fruição, ora o lamento – mas sempre no mesmo tom elegíaco de momentos anteriores, num entrelaçamento constante de poeticidade e sentimento, como em "A bela adormecida":

> *Alguém a quem eu não diria palavras*
> *que não fossem tardias e ausentes*
> *como as da poesia.*

A nota mais saliente é ainda o sentimento da perda, da falta, da insuficiência ou da desproporção entre o desejo e a realidade, somente resgatável pela poesia, como em "Longe do Paraíso":

> *Tão longe do Paraíso,*
> *tão perto do que nos falta!*

Sentimento pulsante na poesia novamente encarada como substância, no "Madrigal ao jeito de Manuel Bandeira":

> *tu és como a poesia*
> *a brilhar fora do verso.*

Ainda aqui, a poesia como substância – não como expressão – retoma a tese exposta nos momentos inaugurais: a de que a palavra é insuficiente para a plena materialização do ideal entressonhado. Como expressão, ela se reduz ao mínimo:

> *escondemos na poesia não vitória,*
> *mas restos de viver*

Prefácio

reafirmando sua concepção e prática como sublimação ou, quando menos insatisfatória, como compensação.

Numa proposição aparentemente invertida, o poeta afirma que "É infiel ao verso a poesia". Como se entende isso? Talvez porque ela não se deixe apreender em plenitude ou porque não se ofereça abertamente. O comum seria atribuir a infidelidade ao verso, por não ser ele capaz dessa proeza. Ou essa impotência.

Em versos longos ou sincopados, livres ou metrificados (onde se poderia questionar apenas o "enxerto" de certos monossílabos, como "vão" ou "já", aparentemente sem precisa funcionalidade semântica, ou certas locuções compostas com os verbos "ir" e "vir"), brancos ou rimados, um senso de estrutura bem perceptível na organização dos volumes (todos subdivididos e os 4 últimos fechando com uma "Finda"), uma dicção sempre sóbria, com o emprego frequente de sintagmas nominais e o mais frequente ainda recurso à intertextualização (com passagens e autores sempre honestamente explicitados), num tom que transita com naturalidade do lírico ao social, Luís Filipe Castro Mendes já se impõe como uma das expressões mais sólidas da nova poesia portuguesa. Ao privilegiar o questionamento da existencialidade e da mortalidade (mais que apenas da existência e da morte), mediadas pelo amor, deduz-se que é da condição humana que o poeta fala o tempo todo, realçando sua falibilidade e sua precariedade somente ultrapassáveis pela arte, e integrando tudo isso com a poesia pela insistente exploração do metapoema – mas sem a secura tropical de um Gilberto Mendonça Teles ou um João Cabral.

Como se deduz, em Castro Mendes não apenas se realiza *uma poesia* mas também se expõe *uma poética*, formulando-se uma proposta para a compreensão da poesia e da própria condição humana: já que estamos destinados ao nada, o nosso impulso mais profundo é aquele direcionado para a sua dialética negação – e permanecer. Todos os atos graves que praticamos no mundo visam à duração de objetos e estados existencialmente positivos e, naturalmente, à supressão dos negativos. Em se tratando de um poeta, claro: através da poesia. O tempo dedicado à produção do poema é um tempo sonegado à vida mas é também um tempo destinado à manutenção da vida: se não realizamos os desejos na existência, onde passam, realizamos na poesia, onde permanecem. Portanto, de forma superior (tese que tentei expor em *Conceito de poesia*. 2.ed. São Paulo, Ática, 1992). Esse ideal está concentrado no primeiro quarteto de "Apenas um soneto" de *Modos de música* (p. 61):

> *O delicado desejo que te doura*
> *e nos dura na pele quando anoitece*
> *é contra a nossa vida que se tece*
> *e é no verso que vive e se demora.*

O leitor brasileiro poderá estranhar a métrica de alguns versos, mas não se os pronunciar pela prosódia lusitana, onde certas vogais são grafadas mas não prolatadas, como neste verso do 4º soneto de "Cidades no Inverno", de *A ilha dos mortos* (p. 12):

> *Mas teu desejo pede mais que oferece*

onde o *e* pré-tônico de "oferece" é absorvido na síncope que reduz a palavra em uma sílaba *("of'rece")*, compondo assim um perfeito sáfico.

E que os amantes brasileiros da poesia não ignorem esta edição, no sentido de um necessário estreitamento

Prefácio

das relações culturais entre povos de língua comum, particularmente no emblemático e fecundo instante da comemoração dos 500 anos do início dessa relação.

Rio de Janeiro, março de 2000

SEIS ELEGIAS

1985

1.

Eu digo do amor não mais que a sombra.
Agora o quarto oferece toda a inclinação da luz
aos dedos que tremem só de aflorar
o que da carne é já incorruptível saber
e crispação sem causa natural.
São nossas inimigas as cortinas
amplas do verão, os fumos e vapores
que esta terra nos devolve, a fria
repercussão do espírito que treme
sobre um tão ausente e despossuído mundo.
Disse-te que voltasses devagar os teus olhos
para o mecanismo simples da erosão.
Eu parti há muito e neste quarto
apenas aguardo o relâmpago surdo do teu corpo,
a contenção muda e não menos esplendorosa
da carne recordada e pressentida.
No entanto, deixámos escurecer
excessivamente o mundo. Ele acolhe-se
a nós, com terror e evidência,
e nós, em verdade, que podemos dizer?
Eu digo do amor não mais que a sombra,
mas o teu rosto e a luz nada pode conter.

2.

Sim, o coração, as estiradas asas
de uma frase que deixaste perder,
de um viés de silêncio. Recordas,
muito a pesar teu, a sombra que te continha
os passos naquela noite, a larga
respiração das palavras contra o corpo adormecido.
As frases surgiram, como do fundo falso de uma fábula,
e criaram ecos, reverberações do silêncio na fala
mais vulnerável e tangível. Ela dormia
contra a sua própria carne. Tu nunca falaste
do desejo: adormecia o tempo entre as pedras
e o outono. Tu falavas da meseta, do peso dos rios
(gelados no inverno e os pássaros ausentes), tu eras
simultâneo tradutor do tempo e da memória. Ela dormia,
respirava as estrelas, tu já nada tinhas
para lhe dar. Tu apenas erravas entre o coração e os rios.
Sim, o coração, as estiradas asas
de uma morte mais próxima do que todos os frios.

3.

Porque é tão ansiosamente que espero por ti?
Sabias ocultar entre os teus menores movimentos
a lembrança de um corpo e de um ardor sem música
nem esquecimento possível. Quantas cidades
atravessámos, quantos «grandes são os desertos e tudo é deserto»,
quanto alimento para os cães da memória! Deixa-os,
consente o esquecimento, solta com raiva das tuas veias
a música, regressa ao lugar donde partiste. Peço-te,
regressa. Nós nunca acordamos conformes,
nenhuma cifra nos devolverá o número mágico,
vestimo-nos sem convicção e pedimos emprestadas
fórmulas antigas. Da nossa idade
guardámos alguns emblemas, alguns maneirismos.
Acredita-me: é o momento de nos abandonarmos
à necessidade, de açularmos os cães, de sermos nós mesmos
um inquietante rosnido entre as frestas do muro.
Regressemos, não há Ítaca possível, os corpos desfizémo-los
na mesma erosão do seu mágico movimento.
Porque é tão ansiosamente que espero por ti
se nenhuma luz mais cabe no terror de mim?

4.

Tudo o que ignoras é um sabor
esquivo e indómito, acercando-se
a ti entre as brechas singulares da noite
e o esquecimento dos nomes. Quantas dores
atravessam o fio das palavras, o sentimento
agudo de um vazio entre delírio e delírio, a
esquiva velocidade do amor! O que sabemos
não está oculto no intervalo das marés
nem dorme no que eu digo do teu corpo.
Tudo o que ignoras é um sabor
suspenso dos teus lábios, ou tão só
inquieto sentir entre a carne e o amor.

Seis Elegias

5.

Quando começámos a saber da corrupção
das palavras no tempo, quando foi que medimos
o declínio do amor, sua gentil
degradação nos signos mais evidentes e molestos?
Face ao silêncio que nos guardamos,
hoje é a tua ausência a chamar-me
em fluente reiteração. Que orvalho
cingiu o nosso durar, que sinais mais ambíguos
poderíamos ter deixado? A música, por vezes.
Mas quase sempre era sobre a terra esse intenso ruído do amor,
as ceifadas do desejo, as núpcias do acaso e da invenção,
e nem sob o carro do feno lográvamos encontrar repouso.
As estações rodavam e um momento calámos
de saber demais tudo o que perdíamos.
A ironia tornou-nos por demais presentes:
quando começámos a saber da corrupção
do amor nos seus indícios mais trementes?

6.

Nenhuma coisa, digo eu, pode ser mais vulnerável
à noite e às lágrimas. Sou vulnerável a ti
como o cervo antes da caça, como a persistência
das colheitas sob o sol. Onde ardem
as mudanças das estações, onde germina o lume,
aí me disponho às estrelas, aí recolho os tributos.
Que demorado luto rege agora os nossos protocolos!
Tivemos que nos acomodar a ritos e fórmulas
despidos de qualquer consagração.
Eu recordo as cerimónias breves do verão,
o adensar do outono, a prossecução da primavera.
Quem, digo eu, pode ser mais vulnerável a ti
do que um corpo que ainda treme do esquecimento de si?

A ILHA DOS MORTOS

1991

A Ilha dos Mortos

I

DOS MORTOS, EPISÓDIO

A Ilha dos Mortos

E morreram os que
escreveram a nossa crónica,
os pés fincados no sal
e na areia do tempo passado,
a nostalgia calada
como um bando de aves migradoras
de partida. E morreram
os que gravaram na pedra os epitáfios,
os mornos, os silenciosos.

Aqui e para além do mar,
continentes desenhados pela espuma, infectados
de maresia, aqui e agora,
os que morreram increpam-nos
em silêncio. Praguejam e murmuram
obscenidades. Aqui e noutros continentes.

Os que escreveram a nossa crónica. Os que nos desejaram
                                           [os pecados.
Os que amaram a nossa instantânea infecção.
Aqui e na orla do mar.

Aqui e junto ao mar,
perdidamente increpavam.

Os que morreram em silêncio, os que se demoraram no
lambril, os da beira-água.
Oh! mornos, e não vos infectava a ideia de Deus?
Não vos ocorriam pensamentos de rapina sobre a placidez
[reinante?

Morrendo, morrendo devagar e ocupando-se
desse morrer.
Os que escreveram. Os que renegaram.

A cidade inteira abria
para os seus mortos.
Ruas e praças encharcadas de luz,
calcinadas pelo sol,
durando de ar e aridez.
Pensando nos seus mortos. Ardendo,
tornando insuportável o viver urbano,
abrindo a outra luz.

Morrendo sempre quem
de pé escreveu nossa crónica,
nosso vagar e
nossa aventura.

Repara no adormecer dos continentes,
no seu desenhar incerto entre os mapas
e a História.
Repara como poisam no mar e se aquietam,
entre baleias e blocos de gelo.
Não é possível, dizes, são os mortos.

A Ilha dos Mortos

Eles inquietam para sempre a geografia.
Deixam-nos tranças, colares perfumados, recados
urgentes que não poderão mais ser cumpridos.
E deixam-nos a aridez que eles próprios tecem,
enquanto activamente mortos,
aridez seca e não salina.
Reconheces agora como duram? Os mortos

nunca compuseram epitáfios, nunca se deixaram
surpreender. A trama do poema,
o urdir da História,
deixaram-nos indiferentes. Só as cidades abriam
ruas e praças e cal,
muita cal,
para os seus mortos. Eles deixavam-se estar
encostados à ordem do mundo e à obstinação das coisas,
durando contra a cidade, a cidade inclinada já
perigosamente sobre a ria. Anoitecendo, vês?,
anoitecendo. A cal reverberando.
A cal gritando, gritando contra a noite
e a cidade. E só os mortos imunes
à música e aos cardos,
ao sangue,
cidade debruçada sobre a ria,
esvaziando-se de casas e de ruas,
vazando praças, comércios, estátuas,
cidade gritando pelos seus mortos
indiferentes.
Cidade derramando-se para a ria,
desfazendo sua cal no lodo,
nos limos. Cidade
e só os mortos soberanos.

Quando arrefeceres na cidade marinha
e ninguém em teu redor disser palavra,
saberás que outros foram os escolhidos.
Por isso o louvor dos mortos, a celebração
pública dos mortos, o mecanismo
que eles deixam operar sobre as orbes celestes
e todos os demais instrumentos da corrupção.

E dirás:
a cidade treme dos seus mortos
como de febre jamais consumida,
uma estação inteira de sezões e de olhos cravados nos joelhos,
as casas perdendo violentamente as suas cores,
arrancados os olhos e as raízes,
uma cidade inteira voltada para dentro em busca dos seus mortos,
toda uma estação insalubre e primitiva
a durar na cidade.

Quando arrefeceres na cidade marinha.

II
A ILHA DOS MORTOS

A Ilha dos Mortos

MÚSICA

1.

Talvez não escrever nem dizer fosse bastante
para preencher esta distância, esta música
subtil do esquecimento; talvez entre anoitecer
e acontecer o laço nascesse
e na sua só ausência nos durasse
e merecesse.

2.

A mão que me treme não inaugura um espaço,
escrever nunca foi uma rota
visível. Agora adoecem as formas, eu queria
dizer: o franzir da noite. Uma suspeita.

3.

Só uma expressão acentuada e intensa,
uma convicção ou a convicção
de um sentimento,
só a retórica da sinceridade,
os gestos já perdidos ou delidos,
a música apercebida
entre nuvens.

4.

Só o vazio pode endurecer a alma,
permitindo-lhe chegar
à sua própria chama. O vazio é atravessado
pela radiosa música
do que vai morrer.

A Ilha dos Mortos

FALTA

1.

Alguns poemas: esquecidos entre a cinza dourada do quotidiano
e a amargura das intenções.
A falta do teu corpo: os sentidos perdem-se
da realidade, a explosão
colorida das coisas.
Alguns poemas são como folhas de jornal arrancadas,
ideia de um corpo ou de uma casa,
«música apercebida
entre nuvens».
Outras vezes o silêncio das crianças corrompe a noite como
as cigarras cantam junto às cidades marinhas
do sul, mais perto da morte,
das areias. Ouve: os poemas são alusões
dolorosas, infinitas. A outros poemas, a Deus,
a pequenas obsessões pessoais:
corpo, choro, casa. Ouve.

Se és tu, se és tu enfim. Que me ouves.

2.

A falha, inscrita em todas as realidades,
nas fachadas belíssimas das casas,

na luz e na cinza, na felicidade e na
inadiável solidão.
Tu faltas. Apenas isto?
Eu próprio estarei tão presente aqui ou em qualquer lugar
que me possa dizer verdadeiramente à tua espera?
Alguns dos melhores poemas nasceram de uma ansiedade
                                                  [extrema,
de um telefone que não funcionava,
de uma obsessiva dor sobre o coração
escurecido.
Não ter a tua voz adoece ainda mais não ter o teu corpo.
Também eu quero ouvir-te,
esperar-te ansiosamente
até não suportar mais a passagem das horas.

3.

Todos os poemas procedem deste modo:
contornam o insuportável,
até cercarem as palavras de grãos de areia e de luz,
tornando assim aquilo que está fora do poema.
mais legível do que o próprio poema.

A Ilha dos Mortos

COMO O CORAÇÃO

Tudo o que dizemos e fazemos
passa por esses momentos violentos do corpo,
onde os desejos vêm beber como os animais cansados
chegam aos grandes rios originários das nossas fundações.
Que memória consentir então aos corpos,
que lugar deserto às paixões, que curso
ao nosso descer o rio?

Tu não me respondes. Entramos no mais fundo
da pedra, no túmulo preterido, espólio
de um deus acossado, eu estrangeiro, eu esquecido.
Tu ocultas o coração, voltas-te de perfil
para as dunas, a pedra, pedra.
Não me respondes.

Como o coração, dizes.

Poesias Reunidas 1985-1999

A ILHA DOS MORTOS

Nunca, entre tanta serenidade,
poderia pousar uma crispação, uma recusa
ou um brusco estremecimento do coração
desmedido. Não conhecer a paixão
é o privilégio dos mortos. Entre a mão
e a barca,
entre o silêncio e a aridez,
entre a claridade
e o tremor
caem as sombras sobre a água como
a roupa se desprende e cai do corpo desejado,
entrevisto,
como de tanto amor se tece a Morte!

A Ilha dos Mortos

HISTÓRIA PESSOAL

1. Entre a morte e a música,
   abandonámos finalmente as nossas mãos sobre as águas.
   A persistência dos rios serviu-nos de guia
   e o silêncio escondeu-nos de olhares atravessados pelo frio
   de uma só palavra.

2. A recusa
   percorrida na terra,
   partilhada por mãos brutais de amor,
   a recusa
   floresce,
   transforma o pássaro na sua própria voz
   transfigurada.

3. A dor
   «antiquíssima, libertando»
   o archeiro do seu arco,
   o tempo do seu peso,
   tornando enfim o corpo
   pura respiração.

4. A poesia
   recupera restos, tonalidades
   desapercebidas,
   a intensidade de uma paixão vazia.
   A poesia não tem memória.

5. Margens
   de orvalho
   ou a inquietação penosa
   de durarem os dias
   na sua perda.

6. A claridade
   da flor na chama,
   o rumor
   por dentro dos frutos,
   a palavra «raiz».

   O inverno
   nas árvores enfim concordes.

7. O amor, uma história
   quase pessoal.

A Ilha dos Mortos

DO MEDO

1.

Não pode o poema
circunscrever o medo,
dar-lhe o rosto glorioso
de uma fábula
ou crer intensamente na sua aura.
Nós permanecemos, quando
escurece à nossa volta o frio
do esquecimento
e dura o vento e uma nuvem leve
a separar-se das brumas
nos começa a noite.

Não pode o poema
quase nada. A alguns inspira
uma discreta repugnância.
Outras vezes inclinamo-nos, reverentes, ante os epitáfios
ou demoramo-nos a escutar as grandes chuvas
sobre a terra.
Quem reconhece a poesia, esse frio
intermitente, essa
persistência através da corrupção?
Quase sempre a angústia
instaura a luz por dentro das palavras
e lhes rouba os sentidos.
Quase sempre é o medo
que nos conduz à poesia.

Poesias Reunidas 1985-1999

POEMA

para a Graça

A falta de ti.
O coração procura o mais fundo da terra.
O mar e a infância tecem
uma aliança acerada contra
a vida. A vida imediata.

Só o teu riso dura. Mostrei-te o mar.
Mostrei-to antes e depois de morreres.

A Ilha dos Mortos

DO MEDO

2.

Voltando ao medo: as asas
prendem mais do que libertam;
os pássaros percorrem necessariamente
os mesmos caminhos no espaço,
sem possibilidades de variação
que não estejam certas com esse mesmo voo
que sempre descrevem.
Voltando ao medo: o poema

desenha uma elipse em redor da tua voz
e cerca-se de angústia
e ervas bravias – nada mais
pode fazer.

MEMÓRIAS

> *What thou lovest well remains,*
> *the rest is dross*
> Pound

1. Nenhum poema modula a angústia,
   o frio nos lábios, a acesa
   invenção.
   Agora e nas minhas palavras
   querer-te inclina o dizer para o lado de quem diz
   e nenhuma promessa nos sustém.

2. O amor persiste, entre a escória
   e a morte.
   Trazias palavras, a lenha empurrada contra a parede.
   O silêncio diurno.

3. O fogo brilhava por trás das nossas mãos,
   por trás de um assentimento mais antigo
   do que verdadeiramente cúmplice.

   Não me perguntes o que fizemos
   das nossas intenções.
   Talvez esquecidas, sim,
   ou talvez chovesse
   cegamente.

A Ilha dos Mortos

4. A ternura grave, apenas
de tão enrudecida.

5. A pedra da lareira
propiciava o silêncio.
Acendíamos o fogo
com mãos que não mais tremiam,
apenas duravam
obstinadamente.

6. Alguma alegria ficava entre roupas espalhadas
e o fogo já preso, liberto das nossas mãos.

7. Ao lembrar, ao acender de novo o lume,
ao prender na lareira a recordação e a angústia,
eu não estou inteiro. Nós não somos inteiros.
Tudo nos convoca para o presente
e a própria lembrança se dissolve como cinza
no hoje da pedra da lareira.

8. Assim, só pode suster-nos a mesma angústia
que a cada um de nós divide
e só a alegria mais violenta pode brotar deste acender
da lareira
por detrás de tantas memórias.

Poesias Reunidas 1985-1999

O AMOR

> *nirgends*
> *fragt es nach dir*[1]
> P. Celan

De repente soube
que estava na solidão como numa casa
conhecida e opaca.
Durava o meu silêncio, poderia durar
qualquer momento: amor, entrega
ao infinito lume de cada ser.
Pouco importava.

Nem era a solidão que importava.
Nem o amor.
Podia eu respirar? Sim, podia.
Os ruídos da casa acentuavam-se no escuro.
Longe, um vidro refractava uma luz insidiosa,
terna e obsessiva.
Mas isso era longe. Noutro quarto alguém dormia.

Eu, excluído
de todos os encontros. Mas isso, agora,
tornava-se igualmente irrelevante.
A luz modificava proporções e relevos.
Os quartos abriam-se à claridade
e o teu corpo que dormia era apenas mais uma peça
de uma misteriosa mecânica.

---

1 «em nenhum lugar
 perguntam por ti»

A Ilha dos Mortos

Eu, excluído.
O silêncio por dentro da casa habitava
o começo da luz.

Os ruídos eram soltos,
aparentemente incongruentes.
Como os quartos, que abriam para outros quartos
ou para o vazio,
como os corredores, sem saída
aparente,
como as escadas
abertas para o céu
frio.

Do mesmo modo, amar pode muitas vezes
passar por esse despido desamor
que o teu corpo deitado no quarto, aberto apenas
à luz desconhecida,
me pedia e continha.
Este silêncio é da casa e é de fora da casa.
A mecânica do amor não conhece
pausas.

Desola tanta frieza,
tanta aridez consentida,
tanta angústia antiga afugentada como um erro.
É o amor. O teu corpo dorme,
o quarto arde já de tanta luz.
Vem, tudo se perdeu.
Vem, rasga ou abre com indiferença as cortinas,
a luz há muito já que entrou

para dentro do quarto, alastrou pelos móveis,
infectou madeiras, corroeu os corredores e as passagens,
anulou os segredos.

Olha: é o amor, por fim.
Desolação e queda.

A Ilha dos Mortos

GESTOS

Gestos,
apenas gestos. A minuciosa ternura
posta nas coisas imediatas,
nas que duram contra a noite,
nas que acendem lampadas precárias
e contêm o silêncio, o silêncio,
como se música fossem
e nela nos viéssemos
perder.

Gestos,
tu ouves?
Nem o teu coração pode dar guarida
a tanto silêncio da terra.

Se agora mesmo devagar nos anoitecesse
e se, mergulhados numa aguda nostalgia
ou na recordação de um rosto,
nos desencontrássemos do mundo,
só esse gesto viria resgatar-nos,
a nós, feridos de amor e de sentido.

Por isso, hoje só posso dizer
o que o teu coração abandonou.

A Ilha dos Mortos

III

CANTO DE AMOR

Poesias Reunidas 1985-1999

CANTO DE AMOR

para a Didas

I

Há rostos femininos que me chamam
atrás da memória, atrás da tule branca,
do rosto fechado de sofrimento e perda.
Há nomes, há nomes femininos que me chamam,
me dizem a desolação grande da ausência,
a morte interminável, plácido barqueiro,
as tuas mãos a conter o terror, a insidiosa
harmonia – porque tu susténs,
tu guardas os olhos semicerrados da morte
contra o teu peito e por dentro da memória
mais insubmissa e rasa.

Eu te admiro. Jamais direi o teu louvor.
Demasiadas coisas da noite e da maré vaza
nos guardaram estremecendo contra a lua.
Treme de respirar a nossa primavera,
brilha no escuro maior uma canção doente.
O louvor fecha-se no teu peito, quieto coração,
esquece a linguagem da treva,
os costumes diurnos, os deuses menores,
fabrica silêncio e contém as aves, as cóleras
e os rumores de uma paixão mortal.
Assim seja. Pois não careces louvor,
só tu poderias equilibrar nas tuas mãos tantas memórias
e não oscilar para sempre entre o coração e a terra.

A Ilha dos Mortos

Eu me inclinaria ante a tua passagem,
se a presença nos não houvesse já perdido,
remetidos ao eco de um no corpo do outro,
ao espesso diálogo das sombras, à voz
enrouquecida dos astros. Eu me inclinaria, sim,
entre todas as minhas palavras e algumas árvores secas,
porque quero fazer perdurar a reverberação da tua voz
na minha solidão, a surpresa
dos astros. Por isso esta dura e trabalhada
escrita – não poema, não surpreendida dor
ou invenção jogada. Apenas a recusa
de no sublime gesto da paixão
depor qualquer ênfase importuna.

II

Também nos foram fastos os augúrios. Os astros
traçavam-nos caminhos claramente concebidos.
Às vezes lembro-me da minha casa antiga,
dos que morreram: e tudo isso é tão perto como eu estar agora a escrever,
como interpretar esse clarão mais ardido do que o tempo
ou uma viagem que nunca teve lugar.

Os que morreram devem interpelar-nos,
cabe-lhes esse antigo direito, esse honroso costume
de nos interpelar com respeito e sem complacência.
Alguém grita agora na rua, aqui nesta cidade.
Alguém grita para dentro do poema, alguém grita para os mortos.
O vento, o vento. Ardor e consumpção.

Mas o coração pede também algum silêncio
e começa, ao entardecer, a preparar as cerimónias.
São longas e simples as cerimónias do coração,
os festejos e ritos mais perenes e desprovidos
de ornamentos. São essas as cerimónias
que em verdade agradam aos mortos.

E o barco continua a aproximar-se da ilha[1]
e o coração a perder a sua luz,
as águas crescem, turva-se o ar de ternura,
os pássaros voam baixo.

A aproximação do amor conhece estes sinais,
a avidez transumante dos encontros,
os corpos apercebidos, desenhados, possuídos,
o vento nas areias mais movidas,
a crispação da dor não merecida.

Aqui estão todas as promessas da terra:
o amor, a luz, os metais preciosos.
Um vento raso sobre as sementeiras
ou uma música rudimentar apercebida.
Aqui estão as distâncias, os pesos e as medidas.
Tudo começa a ordenar-se, à aproximação do amor.
Tudo começa a ordenar-se porque soubémos cumprir
as cerimónias mais gratas ao coração dos mortos.

---

1 Böcklin, *A ilha dos Mortos*

A Ilha dos Mortos

O PREGOEIRO

A Ilha dos Mortos

I

DA POESIA

A Ilha dos Mortos

LUZ

Como se enreda na luz o coração
à sombra dos seus mitos e de corpos
tão jovens que já de apercebidos
se movem para longe do nosso olhar
guardando a tábua rasa da ausência.
Como se enreda o coração no corpo
e sem palavras te abandona este poema
e sem razões te alucina e te aprisiona.
Como nos perdemos todos nesta luz
que os corpos trazem como coisa sua
e que só às vezes pousa no poema
e te deixa perdido e só à beira lume.

SOBRE A POESIA

Falavam
da morte. Ouvias
indistintas palavras
enquanto subiam o morro,
a respiração presa,
incompreensíveis
palavras.

Enquanto subiam o morro
falavam
da morte. Tu aquietavas-te,
a respiração presa,
mas como entendê-los, como
distinguir as sussurradas
palavras?

Pisavam a esteva, subiam
o morro. Falavam.
Tu deitavas-te sobre a terra,
sobre os teus saberes,
algumas palavras.
Mas como entendê-los enquanto
subiam?

Falavam
da morte. Ouvias.
Algumas palavras.

A Ilha dos Mortos

DE DEUS

para o Fernando Echevarria

Neste trabalho de morrer, Senhor,
as palavras vou cercando e perseguindo.
Talvez pouco tenha conseguido: pesam
a linguagem, os sentimentos
humanos, a perseverança num viver radioso,
cuja feroz felicidade, Senhor, é Vosso quinhão,
tal como a paixão é sinal da Vossa espera.
Que posso eu fazer mais? Despido, despojado,
em poemas, paixão e displicente vida queimo os dias;
e os dias, assim os vejo consumar-se
na mais imponderável e discreta claridade.
Eu próprio sou colheita e resultado:
destino Vosso, Senhor, jogado às ervas.

Poesias Reunidas 1985-1999

DE DEUS (2)

Gottes einsamer Wind
Georg Trakl

O vento solitário de Deus
procura-me, não aqui, mas num passado
terno, crepuscular e para sempre
esbatido.

Porque me torna então inerme
entre as coisas todas e o tempo?

A Ilha dos Mortos

PASSAGEM DE NÍVEL ABANDONADA

Dom de poesia. Quando a angústia
dura entre cancelas
e estevas. Desabitada oficina.

Agora fecha os olhos, ficciona
o rumor do dia.

Serenamente se transfigura o rosto,
como se viajasse
ainda.

Poesias Reunidas 1985-1999

SAUDADE OU QUE NOME?

Qualquer coisa consoladora como «uma saudade calma»,
mas não, não ainda, o tempo tornou-se baço
e de repente falta-nos um sentido, o sul,
apenas vagueamos, algumas tardes, logo o crepúsculo.

Qualquer coisa nos fez suster
o curso dos dias, a memória surda.
O acaso pôs-nos frente a uma imagem esbatida,
demasiado ténue para ser nossa, contudo
vamo-nos apercebendo do seu durar, insensivelmente
penetra em nós como uma música,
inventa
os seus limites.

Obstinadamente digo do que dura – mas o poema,
baço, crestada língua de areia,
paisagem desmaiada.

A Ilha dos Mortos

II

MUNDOS POSSÍVEIS

A Ilha dos Mortos

LONGE DA HISTERIA

1.

Muitas vezes o poema,
decisão brusca
ou efeito da manhã nas altas janelas

do seu entendimento,
muitas vezes o poema partia
de um movimento sem nome, sem
provado atributo,

movimento sequer às ervas destinado.
Mas a consolação,
rápida fuga.

2.

Ou histeria.

Contudo, contudo,
também a marca no rosto de uma indignação,
o precoce envelhecimento
da sua temeridade.

Perguntava pelos sentimentos
como se recolhesse algas
entre as areias nocturnas.

A Ilha dos Mortos

3.

Era junto ao mar.

Muitas decisões de poema
aglomeradas, gaivotas
um momento só em terra.

A barbárie das intenções.
O visco
um momento apercebido
da sua liberdade.

4.

Onde hesitava nos dizeres,
trémula balança.

O rosto emerge de onde as palavras
apodrecem.

Longe, as barcaças.

A Ilha dos Mortos

COLLOQUE SENTIMENTAL (VERLAINE)

Talvez nos tenhamos amado assim, na desolação dos parques.
Desertos hoje, a chuva converte-os em paisagem,
enterrando a crueldade em doçura,
o tempo em esboços furtivos, uma imaginação para sempre
                                                              [contida
no fervor de um conhecimento mais elevado, vivacidade
do espírito a induzir a vivacidade dos corpos.

Foi assim que vivemos. Que nos acreditámos em sombras,
que desejámos orvalhos de irrealidade, manhãs nítidas,
perfumes ideais.

Hoje o eco de termos sido devolve-nos o poema
à sua própria idade, seu tempo entre trevas, sua luz
irradiando do frio.

Hoje ficamos; apenas nos instalámos na duração
como num desejo esquecido, numa mágoa ou
numa insegura crispação.

PROVÍNCIA

1.

Aqui enfrentámos juntos a beira do esquecimento,
pedras amontoadas na frente de uma antiga capela,
desamortizado convento, insinuação de morte na memória,
ao vento declinando sobre as estevas fugazes. Respirada
infância A recordação da pátria é muitas vezes a imagem
da aridez de um campo, ruínas, o interior
concedido a nós próprios e ao fulgor persistente
de uma língua. Versos, pisadas lages, frades
dissimulados nos rochedos, quais artes e desafios
de um demónio familiar, irónico, sabedor
da inconformidade do mal. Ou melhor: de como o mal
deixa de valer seu preço em tão pobre e escassa terra.

2.

Mas perto ainda a casa de lavoura: acumulação
do raso e tosco ardor que esta terra consente.
As aves cercam a fisga da criança, o eco
dos predadores solenes, o silêncio brilhante
das montanhas. Não há paixão nem conhecimento
que possam resistir à terra, à luz, à respiração
dos astros que se movem altíssimos, entre as esferas
da Eternidade e da lida doméstica, enquanto lentos
os animais caminham para a mesma gota de água.

A Ilha dos Mortos

MUNDOS POSSÍVEIS: 110, STAPLETON HALL ROAD

para a Fátima

To see a World in a Grain of Sand
                             Blake

Um mundo regido por inclinações de afecto,
subtraído às ordens e aos poderes do mundo,
atento sem medida ao que nos é mais íntimo
ou ao que nos fosse mais humildemente comum.

O mundo num jardim: infinito num grão de areia!
Enquanto outros rostos talham sem fim a sua imagem,
a sua imagem perfilada e perdida num mundo deserto.

Poesias Reunidas 1985-1999

ANTERO DE QUENTAL

para o Nuno Júdice

Estás só, mas nenhuma noite te rodeia.
Abolida a paisagem e a invenção, dizes «o deserto»
e estendes-te imenso (supões) sobre o espaço aberto
e aguardas as estrelas e respiras.

Estás só, mas nenhum conforto aqui te espera.
Quem dorme assim absorve o respirar do mundo.
Quem ouve o seu próprio coração e alucina
não conhece paisagem de amor nem casa iluminada.

Mas as portas abrem-se e algum fragor nos soa.
Quem devagar escreve o seu próprio nome então
volta-se inteiro de frente para nós e fixa-nos

muito tempo em silêncio, sem perdão.
Que rancor nos guarda o que de si mesmo guardião
nos ensinou o riso histérico das esferas?

A Ilha dos Mortos

QUATRO SONETOS

para a Didas

1.

Há uma amargura de tí que me traz o poema.
Mas eu não sei dizê-la. Nem ninguém.
Uma amargura súbita e por vezes.
Uma amargura que nem se diz calada.

Trazes contigo o dia ou o esquecimento?
«Cristal de ar em mil folhas»* se diria
este silêncio que eu dar-te nunca saberia.

Mas se retomo o dia e a palavra,
como então murcham as explosões precárias!
Como a imagem se torna branco e sépia,
como vagueiam nomes, casas, ruas.

A imagem não retém o que perdura
e surdo e cavo o discurso nos retoma
e nos lança um ao outro esta amargura!

---

* (Gerardo Diego)

2.

Se ao meu lado, Senhora, guardas as certezas
e num silêncio teu podes refazer o mundo,
sabe que à beira de ti meu coração hesita
em amar-te de amargura ou de beleza.

Tua tranquilidade mais me incita
a dilacerar de ternura, ouro e sépia
o que enfim pressinto de aéreo e livre
neste obscuro caminho que a ti leva.

Amar-te de beleza amor seria,
mas como ao fim eu mesmo poderia
transformar todo o doirado em casa e luz?

Deixa antes que a amargura a mim me cinja.
E mais livre ou enredado na ternura
eu possa a ti e a mim trazer a mesma paz.

A Ilha dos Mortos

3.

Senhora, já nem medo nem repouso
podem demover meu corpo de louvar-te:
as ruínas soleníssimas da luz
pousam na madrugada deste sonho

e certas se me tornam as palavras
em hinos, em promessas, em canções.
O dia claro será o nosso enigma
e de inquietação escurecerá a água,

mas nada no poema, nem a vida,
nos reterá à beira desta esperança,
como corpos inquietos duma sede

que não dura nem brilha de esquecer-se.
Senhora, eu atravesso devagar este poema
e meu sangue é orgulho de atrever-se.

4.

Como dizer: queria-te, sobressaltavam
teus músculos de amor a noite e a incerteza,
corações se me faziam ouro e névoa,
quando a distância de ti tão sem remédio?

Por uma palavra segui em teu encalço,
por tuas mãos abertas num engano
me perdi, turvada a fonte dos meus dias,

como se o prazer fosse a jusante
e eu, cego como um cão, o procurasse
entre restos de palavras e ternura

mais aflita do mundo que de mim!
Deixa que me procurem as memórias
e o sonho da tua noite seja o eco
duma voz que anda em busca do seu fim.

A Ilha dos Mortos

UM SONETO

A aproximação do inverno, incertas colinas,
o entusiasmo humedecido nos teus olhos,
merecido esquecimento ou só paixão.

Aqui, serenos como estátuas, os lugares do amor
convertem-se em ruína, crepúsculo, transfiguração.
Ou a memória a envolver-nos, como névoa
e presságio. E quem, viandante alcançado pelo frio,

sobe a gola do casaco e contempla o surdo
fluir do esquecimento – esse participa, solitário,
do conhecimento das causas: esplendor

e fuga. O amor como pretexto.
O mundo estremece neste amortecer da luz
que transforma hoje e aqui as nossas palavras
em solidão, rumor de ausência, quase nada.

A Ilha dos Mortos

III

UMA VIDA

A Ilha dos Mortos

UMA VIDA

para a Didas

Quem se debruça e se demora
neste poema? Para sabê-lo
marcaste o peso dos teus dedos
no tampo de areia. Percorrias
o que não tem história.
Que às vezes percute. Insinua
o tempo na respiração,
demora-se de alegria. Tu ouves.
Às vezes perguntas: que silêncio?
Que intervalo húmido na terra?
Mas nada te responde, a mesma luz
te será devolvida em ocre, casa, muro
– e de mais ninguém será a tua morada!

Mas a beleza sobrevém
e o ouro da espera. Aqui contiveste
a respiração, o esquecimento a durar
nas palavras – mas isso sabia-lo já.
Como se as marés te cercassem o coração.
Ou como se dormisses
sem recordação de estar só,
consumido de areias e nomes vagarosos.
Pura crepitação das estrelas,
imaginação da noite.
Onde acendeste a morada, onde hesitaste,
os dedos a tremer, os fósforos riscados,

temor de uma noite sem intervalo,
de um animal que respira sobre a sua própria
morte, das dunas
à beira da febre.

A alegria é consequente com as paisagens:
um dia, à beira do rio, compreendemos os dois
como trazíamos connosco a promessa de dias impiedosos,
inocentes – um país de cristal
e trégua. Os metais percutidos.
As cordas disseminavam a harmonia celeste,
mas nós, à beira do rio, o esquecimento de ser,
a imensa expectativa
de dias transparentes, conciliados.

Ou as maneiras de dizer, o poema
transfigurado, em rotação sobre si próprio,
coração oposto à luz:
agora podes, em verdade, estabelecer o balanço
e desconhecer a obra.

Quanto disseres aqui te foi prometido
noutro lugar junto do rio.
Palavras, palavras. Às vezes sento-me, grito,
junto as mãos sobre a cabeça, a percussão
celeste. Mas ninguém conhece o pregoeiro,
o sombrio servidor do poema, o emissário pardo.
Quem suporta desse modo falar de si, sem que o seu grito
o venha abalar mais fundo que a destruição,
eclipse da verdade e da ficção?

A Ilha dos Mortos

Nem suporte da obra, nem esquivo
emissário – mas a dor, essa, reclamo-a,
como quinhão obscuro de uma glória
indizível. Por isso me adentrei pelas águas do rio.
As margens inclinavam-se, num mesmo sobressalto.
A água cobria-me o peito, e as mãos
descreviam círculos cada vez mais amplos na água.
Debruça-te sobre o rio, encara o teu rosto
refractado em círculos sucessivos – entre a imagem
e a promessa
cai a sombra crescida à beira dos dias
de abandono.

VIAGEM DE INVERNO
1993

"Consideré que estábamos, como siempre,
en el fin de los tiempos."

(Jorge Luís Borges)

I

CIDADES NO INVERNO

"Car les grandes villes, Seigneur, sont maudites;
la panique des incendies couve dans leur sein
et elles n'ont pas de pardon à attendre
et leur temps leur est compté"

(R. M. Rilke, *Le livre de la pauvreté et de la mort*,
trad. A. Adamov)

1.

Pois as cidades são ditas pela peste,
a guerra inexorável nelas lavra.
E alastra o metal fundido na palavra,
a profusão do limite mais agreste.

Pois as cidades têm por memória
um campo de ruínas sem perdão,
súbito um nome só nos diz a história
e nos corre por dentro em negação.

Assim como de luz se tece o tiro
deflagrado por dentro da folhagem,
fervor que, aceso já, eu mesmo firo
se torna solto eco ou vã miragem.

Noite se fez o mundo e conhecê-lo
é escuta que se enreda num novelo.

Viagem de Inverno

2.

Como a distância do disparo ao sangue
nos emudece entre garganta e voz,
em nua e dura guerra a alma exangue
se submete ao que mais escuro em nós

sobressalta e persiste na mudança,
quando já sem remédio vê tornar-se
o canto, que deixámos deslumbrar-se,
no quieto e vão perfil de uma lembrança.

Turva o ouro todo o peso desta espera,
enquanto já ao longe palavras quedas
mudas se miram na voz de tal quimera.

Deserto é o sabor da própria sede
e se novelo o canto assim enredas
é que seu mesmo fulgor a chama acende.

3.

Vai ferida no coração a terra vã
onde fumos e vapores tecem a noite,
como se anjos zelosos da manhã
nos dessem como luz seu branco rosto.

Reconheço a matéria luminosa
da paz e da palavra que nos fala
de um silêncio que há dentro da rosa,
de um desvão de ternura que se cala.

Montanhas vivas do coração deserto,
é quando o hálito dos anjos vem mais perto
da perda que guardamos toda a vida,

é quando irrompe a luz dentro da ferida;
e já a dor nos devolve a terra morta
que em aérea paisagem se recorta

Viagem de Inverno

4.

Entre o ramo e o rosto se perdoa
o nome que esqueceste devagar
e no silêncio em redor já nos ecoa
este amor feito sede de mudar.

Que te doa a água, a luz, a doida febre,
a ninguém prestarás contas deste amor
que respira e se pousa já de leve
neste corpo, teu escravo e teu senhor.

O ramo toca o rosto na carícia,
que sem razão se crê palavra muda.
Julga-se o corpo presa e ao fim delícia,
como dito de amor em fala ruda.

Mas teu desejo pede mais que oferece
a fugida dor que o coração merece.

5.

O poema se diz de parte alguma,
insolência perfeita de uma fala
que não conhece de ciência suma
mais que traças ou manhas para achá-la.

Num jogo sem piedade nem terrores
caem junto de nós palavras feridas,
ecos na sua dor feitos rumores
de uma terra a reclamar-se de outras vidas.

Onde pudeste largar o teu desejo
onde açaimaste o coração errante?
Diz-me se nesta noite em que te vejo
o dia se fez amado e a luz amante.

Mas nem manhã nem poema podem dar
o que o teu corpo à noite foi buscar.

Viagem de Inverno

6.

Em si mesma contida, a madrugada
nos deixa restos de cambraia fina,
como aura matinal já vislumbrada
é grão de orvalho ou nuvem na retina.

A noite e o desejo erguem seu voo.
É tarde para esquecer uma palavra
dita por horas lentas que povoo
da sombra de uma imagem magoada.

O rosto que deixaste atravessar
pela impiedosa imposição da noite
em tuas mãos de susto veio pousar.
Abrigo mais não tem onde se acoite.

Assim em nula esperança colho o dia
que prestes volve cinza a noite fria.

7.

É às cegas que o corpo reconhece
o que na distância crua faz arder
memórias que em si mesmo já esquece
ou lembra só porque não pode ver.

Desejo de outros corpos mais subido
se fez música, torso ou maresia.
Do fulgor nesses dias percebido
enrudecem cantar e melodia.

Porque a voz escurece sem sentir
o que na outra voz se faz olhar,
porque o verso se perde de mentir
o que dentro de si vem afirmar,

meu corpo se perde de ti na ideia pura
que o desejo entre nós dói e perdura.

Viagem de Inverno

8.

Fizeram-se as palavras rumor cego,
espelho a amanhecer a tua boca.
Às precisas imagens eu me nego
Puro dizer, a voz se me fez rouca.

E enquanto vagarosa cai a noite
sobre as palavras nuas deste sonho,
o medo busca teia que o acoite
entre os ramos amargos que disponho.

O corpo, que deixaste estremecido
na boca que me deste sem pensar,
aguarda o lume vão que, desferido,
pousa inerme na casa e no lugar.

É dentro dessa luz que o corpo tece
que ter-te nem sonhar-te me acontece.

9.

As mãos tecem a ordem na matéria
e quando embriagadas se abandonam
só as palavras cobrem de miséria
o medo das paixões que já assomam.

Se o corpo se faz dia e aparece
transfigurado num cristal de sonho,
lume seria tocar-te. E amanhece
em palavras o laço que disponho.

A boca aproximaste, era tão cedo
e as palavras ali foram morrendo.
Devagar te disse o nome deste medo,
alba se fez a noite e o amor lento.

Faz-se quedo o desejo nesta forma
que o medo da desordem já transtorna.

Viagem de Inverno

10.

A batalhas de amor campos de neve,
onde se acolhe a esteva iluminada.
Cristais volvem a terra sombra leve,
um pressentido rumor ou quase nada.

Negas a terra ao próprio lume aceso,
à voz que te procura devagar.
Do halo dessa luz te dizes preso
e é outra voz que entendes no calar.

Por mais que em tua solta travessia
veja o subido desejo que no sangue
se volve ouro a própria luz do dia,

teu corpo seja treva devastada
e barca em perdição na luz exangue
teu coração já fábula sonhada.

11.

Esta angústia tenaz que se encaminha,
insidiosa e leve, despertando,
dentre a névoa letal que se avizinha,
o acre e puro tom que se faz canto

é tributo ao silêncio desmedido,
quando mede o terror seus próprios passos
e ressoam nesta nave sem sentido
palavras que são restos de cansaços.

Em vão desperta o coração silente,
em vão o pavor cria numa imagem
o que de amor se fez estátua jacente

e vibra, qual destino na paisagem,
amortecido em se saber ausente
do mais obscuro rumo da viagem.

Viagem de Inverno

12.

Alheio o coração que em mim perdoa,
servo fiel da razão e da mudança,
como imperfeito acorde que ressoa
em música fugaz se volve dança.

Restos do esplendor dizem a esperança,
só o coração ouve o que morreu.
Demora-se a matéria na lembrança,
que já se perde do que aconteceu.

Da alegria os lugares visitaste,
a sombra a esconder-se no teu medo.
Nas palavras um corpo adivinhaste,
que num relance se te fez segredo.

Sombra do coração não mais encerra
teus passos diferidos pela terra.

13.

Para a Didas

Desprende-se a alegria do aberto
curso do rio detido em seu fulgor,
que feito pó e areia do deserto
de lembrar-se colhe eco e esplendor.

Desfeita a neve em água rumorosa,
a incandescência do gelo se anuncia,
que não cabe em palavras a ditosa
presença que nas coisas tece o dia.

Paixão do mundo dita numa rosa
nascida no tremor do teu olhar,
amor que rompe a treva luminosa
sem palavras nem coisas para te dar.

Assim nos lembra pela manhã fria
que só o amor do mundo é claro dia.

Viagem de Inverno

14.

(A meu Pai)

Transforma-se a memória em sensação
e em pura dor se volve a despedida
como alma alheada da razão
ou momentânea luz apercebida.

Disperso foi o eco dos teus passos,
coração feito sombra desmedida.
No verso que te dou abres os braços
e calas tua voz, que vem ferida.

Se o teu silêncio, Pai, aqui percorre
o meu dizer como uma angústia antiga
é de saber que dentro do que morre
se ateia o lume chão da nossa vida.

Longe nos chamam gestos dentre a bruma,
cansado o coração que a eles ruma.

15.

É "Deus um só pudor da Natureza"*
cantado por tais vozes que, inspiradas,
a ferocidade imitam da beleza
em abismos de morte figurada.

Levanta-se da terra frio vapor,
trabalhada vai a noite desmedida,
não se ouve já eco de uma dor
que nos funde na terra prometida.

Que a dor era liberta na viagem
dos teus aos meus sentidos transtornados,
como música dispersa na paisagem
a iluminar caminhos ensombrados.

Pois a noite e a memória do seu dia
de Deus eram esquiva e cortesia.

---

* Jorge de Sena

Viagem de Inverno

16.

Horizonte cruel das tuas naves,
em derrota saídas por que mares
não alcançam no voo as frias aves
nem corpos adivinham seus lugares.

O lume das palavras que ficaram
acende-se na pedra dos teus dias.
Voltaste em horas lentas que soltaram
por terra a febre escura que trazias.

Ideia feita vã perseverança,
obscuro sinal do fim do dia,
como a noite se prende na lembrança
se perde no azul a terra fria.

Desleixa o coração quanto imagina
que o fogo da lembrança não fascina.

17.

Pois saem as cidades deste inverno
em amortecido fulgor feito ruína,
digamos sua luz de luto incerto
que música por dentro as ilumina

Do coração o lume mais distante
é só branda suspeita que procura
em cada ave o voo mais errante
trazendo ao mesmo olhar sua lonjura.

Se a luz do teu cansaço se fez cinza
e madrugada a dor no teu olhar,
como posso eu dizer sem que te minta
palavras feitas só puro calar?

Esquece amar quem amante se procura
junto de si e longe da selva escura.

Viagem de Inverno

II

VIAGEM DE INVERNO

"traspasaré la vida
en gozo, en paz, en luz no corrompida"

(Frei Luís de Leon, "Al apartamiento")

Viagem de Inverno

1.

Desolação se diz da terra nua
entre o morro e a morte calcinada,
como presságio feito de brancura
faz do corpo sua fome iluminada.

Paisagens onde fero muda o vento
sem mais mudança no imaginar
que a inscrita no turvo pensamento,

volvendo a terra escura num pesar
que nem a voz fará manso lamento.

2.

Qual campo de batalha esvaecido,
o fumo da manhã à terra faz
perder a aura e o rumo conhecido,
ganhando a alma um brilho mais tenaz.

Inquieta imprecisão da natureza,
que névoa quer velar o que sem cura
ressuma toda a terra de dureza,

como a noite enlouquece de brancura
ou cala a neve à beira da beleza.

Viagem de Inverno

3.

Tão longe estou de quanto mais nomeio
como o campo das fontes mais perdido.
E estas palavras são como receio
que ao pensamento fez buscar abrigo

Assim Deus, feito lume por perder
quanto as palavras em ardor se deram
na sarça ou escuridão se viu tremer
e pensar puro as chamas se fizeram.

4.

Prazer que nem vislumbra o entendimento
na solidão pressente a melodia
e a quietação oculta no momento
faz do ar uma luz de meio-dia.

Devolvem-no à casa os mesmos passos
que em terra deslumbrada foram trilho,
como rompem enfim seus próprios laços
corpos que a aura sabem pelo frio.

No fim da terra, toda a luz do dia
de música e terror faz alegria.

Viagem de Inverno

5.

Sinais que a vã memória não guardou,
deixados como sombra entre a ruína,
a estrema escura e erma levantou
nos rudes traços de que se ilumina.

O fogo aviva a luz de mil pesares
que névoa se me volvem na retina
e que feitos de enganos similares
são versos que o viver já desatina.

Sabei que a cinza se fez ardor
maior que o que contém a natureza
e a desilusão se deu fulgor
que não cabe no brilho da beleza.

6.

Mas a escura dimensão destas palavras
acossadas pela febre e pelo sangue,
a imaginação vertida neste cerco
que de mim a ti se sabe coisa pouca

ou perdida invenção de que falavas
em noites que se esquecem sem pensar.
E quem trazia a luz? E quem levava
o peso destes passos sem lugar?

Alada dimensão de fim do dia,
que soube dar à terra o que perdia.

Viagem de Inverno

7.

Disse. E a só luz do entendimento
meu corpo iluminou já sem palavras.
Disse a razão que pensa o pensamento
e a sem razão brutal que sobrenada
às almas e paixões, quando escurece
e a morte lê no céu sua alvorada.
Disse o terror da terra e a alegria
que há em passar do mundo ao puro dia.

Viagem de Inverno

III

CASAS NO INVERNO

"Ahora, soñar es verte,
y ya, en vez de soñar,
vivir será mirar
tu luz hasta la muerte"

(Juan Ramón Jiménez,
Diario de un poeta reciencasado)

Viagem de Inverno

1.

Do futuro sabíamos a espessura,
na parede branca o ar lá fora:
tão cerca se fazia esta ternura
afogada de luz que se demora.

· 2.

E que diria à luz a alma se soubesse
percorrer a vida toda num só escuro
pressentimento de ver o fim da estrada?

E que diria ao coração dos vivos
a imaginação acesa nesse espanto
a que só terra estranha dá morada?

Viagem de Inverno

3.

Adormecemos já os rios no seu curso
de sombra a emanar da solidão;
e demorámos o verso, feito turvo
meandro de água preso em nossa mão.

4.

E a água beberás só deste rio
de que a sombra conheces e o fio.

Viagem de Inverno

IV

THE SECOND COMING

"Surely some revelation is at hand;
Surely the Second Coming is at hand.
(...)
And what rough beast, its hour come round at last,
Slounches towards Bethlehem to be born?"

(W. B. Yeats, "The Second Coming")

Viagem de Inverno

1.

O dia iluminou-se brevemente
e a noite vai fazendo destas nuvens
sombrio e raso palco duma espera.
Teu coração diz-se esponja do terror,
nem a esperança sublime te visita,
que trazes já da terra o esquecimento
como vapor ou névoa, tu não sabes,
e o perfil que te inquieta assim o vês
desenhado nas sombras do poente
em revelação súbita de seres
fronteiro aqui de tempos e pesares.
Amadurece a memória no vagar
com que sabes e usas as palavras,
devolvendo já ao tempo quanta cinza
feita morte te quis aprisionar
na pobre condição de quem assume
no seu cantar o sarro e o acre fel.
Pois vida por si mesma é que perdura
e só se perde naquilo que não saiba
arder no puro lume de esquecer-se
e abandonar-se ao grande céu estrelado.
O dia escureceu tão bruscamente
como feito de cinza sobre lodo
ou como se a luz do coração deserto
voltasse nas estrelas turvas a brilhar.
Que saberei eu dizer que se aproxima
dos meus olhos, enfim transfigurado?

Poesias Reunidas 1985-1999

Que voz sem respirar, pura distância,
emerge deste nó feito dizer?
Rosto ou turva presença, diz-me agora
tudo o que a poesia colhe sem buscar!

Viagem de Inverno

2.

Fechavas a cancela devagar,
o tempo a enredar-se nos sapatos
contrafeitos ao vasto vento frio
qual lama feita alma do lugar
sobressalto agudo que no fio
da esperança assim se quis reinventar,
pretexto só de como o coração
se desfaz em memória saturada
e no fulgor imerecido da canção
perdura e se mantém do próprio nada.
Fechavas a cancela devagar.

Viagem de Inverno

V

CRÍTICA DA POESIA

"But should we want to gossip
Were fact not fiction for us at its best,
or find a charm in syllables that rhyme,

Were not our fate by verbal chance expressed,
As rustics in ring-dance pantomime
The knight at some lone cross-roads of his quest?"

(W.H. Auden, "Words")

Crítica da Poesia

Que a frenética poesia me perdoe
se a um baço rumor levanto o laço,
pois que verso não há onde não soe
a música discreta doutro espaço.

Horizonte do verso é a dureza:
já mansidão não cabe neste olhar
que se pousa na faca sobre a mesa
e aprende nela o fio do seu cantar.

Mas se olhar nela pousa, como corta?
E se as palavras sabemos retomar,
quem nos devolve a chave dessa porta
onde a herança está por encerrar?

Tão longe está de nós a poesia
como nuvem nos rouba a luz do dia.

A Música da Poesia

Que distingue, afinal, a poesia
da conversa banal do dia a dia?
«Conversa inteligente», no dizer
de Thomas Eliot, não parece ser.
Em muita coisa pára a poesia
que a inteligência logo desafia.
Poesia é lenta, mais que o entender
(«poiesis» não se esgota no fazer).
Como distinguir, pois, no intermédio,
tudo o que de nós fala sem remédio?
E que separa assim a «melopeia»
da música de fundo que se ateia
pelos aeroportos, na estação,
nesses supermercados todo o verão,
nas compras em qualquer loja de aldeia,
nos esconsos desvãos de uma idéia
que nos serve de escusa e de perdão?
Que distingue afinal a poesia
senão tanto que a excede e contagia?

Viagem de Inverno

O Mistério da Poesia

Como o pai do poeta Yeats dizia,
misticismo é um meio para a poesia.
Porque insistir então em conceber
a poesia como atalho para o Ser?
Nenhum conhecimento a poesia
por sua só presença propicia
e a pura aparição que se crê vida
será sempre em palavras diferida
(e nunca mais iremos merecer
a «aletheia», «strip-tease» do Ser).
Os poetas que buscam a Verdade
encontram cada qual a sua idade,
os seus modismos, tiques e preferências
(ou alçapões feitos puras consciências).
Se o Absoluto às vezes aqui espreita
é mais por mal estar que por suspeita.
Mas um cego entretanto assim falava
à luz que, esplendor, não alcançava:
«As aves, os crepúsculos de inverno,
a toada que conto de meus erros,
tudo se dá na mesma lira mansa
que meus olhos fechados é que cansa».
Perguntas-lhe quem é, o seu destino,
«Homero sou», dirá, «o Vidente Divino».

Meditação do califa Omar sobre Alexandria
(640 d.C.)

«Já arde num fulgor a biblioteca.
Pelas tendas fugazes nós passamos.
Basta-nos ter a iluminação discreta
onde nomes divinos são os amos.

Em vão frequentei as mais secretas
passagens deste reino de além sonhos.
Mais me cansa o rumor de mil poetas
que o estrépito das armas que disponho.

Somos na terra alvo de pesares,
é-nos vil condição a natureza
— lugar não sobra aqui a mais esgares
de palavras diante da Beleza».

Assim ardeu a poesia sibilina
a que Platão chamava voz divina.

Viagem de Inverno

Petrarca coroado no Capitólio
(1341)

«Que um só personagem tenha sido
de todos o eleito nos parece
abuso singular do dom divino
que não sabe entender a dura prece.

Não nos importa prémio nem castigo,
temos diante nós a Eternidade.
Injusto nos parece tal destino,
que coroa assim a vã facilidade.

Príncipe dos Poetas ele fora,
que numa só palavra saberia
trazer junto da terra nesta hora
quanto a memória sabe de alegria».

Assim falavam os demais poetas:
suas pobres palavras hoje desertas.

Carta do senhor Arthur Rimbaud, da Abissínia
(1885)

Calou-se para sempre a lenga-lenga
que ao canto fez dizer coisa nenhuma.
O que dura nas coisas é a lenta
afirmação do verso contra a bruma.

Moderna para mim é a dureza
que a máquina propõe ao corpo nu.
Mas o velho conceito da Beleza
em nojo corrompeu o canto. E o

tornou traste defunto que aí jaz,
esperando da miséria eterna paz.

Viagem de Inverno

O fim do Realismo

Os sentimentos ardem no papel.
É tarde para reter quanto a Beleza
concedeu (pura graça) à Natureza.
Pousemos a paleta e o pincel.

E enquanto dorme a Arte e o olhar
se turva de pureza intemporal,
deixemos com langor atravessar
a névoa pela corrente do real.

Que a Arte vive mais destas receitas
do que jamais ousamos confessar.
Em vão, sob o real, a luz espreitas:
nada mais estremece ao teu olhar.

Maior engenho dá a escura sombra
que a luz que só da alma nos assoma.

Da Poesia Pura
(a partir de Paul Valéry)

I

Hesitas entre o som e o sentido,
como se a terra toda à tua frente
se rendesse ao desejo só da mente
e fosse claro dia o lume havido.

Os versos da pureza aliviados
procuram no rigor a sua ascese
e o espírito repousa numa tese
colhida por recantos sossegados.

Pudesse este ar à volta ser o canto,
soubesse eu na distância perceber
o que nos rouba este lugar e quanto

do espírito ou quimera por haver
oculta ascese é a poesia pura,
que preserva da histeria a literatura.

Viagem de Inverno

II
(Cosa Mentale)

Que imagem temos nós da nossa mente?
Só jogo de interiores ou caixa preta?
Pensamos muitas vezes como a seta
de Zenão nos atinge — bruscamente.

E nunca entenderemos desse verso
que os deuses nos fizeram merecer
como a mente é um povo sem poder
a vaguear pelas margens do deserto.

E nós numa outra margem. Sem nos ver,
vem-nos da terra o lume e a noite perto.

Camilo Pessanha regressa a Portugal
(1915)

Este país mudou sem que tu visses
e fala do que aqui não podes ser.
Tua angústia se prende nesse triste
hiato de palavras por dizer.

Que nos mudou que o teu sentir não visse?
Que palavra calada veio conter
mágoa que tão inteira te ferisse,
mais do que ao coração, no entender?

Percebe nesta hora de mudança
o lúcido sinal que aqui despede
no duro limiar toda a esperança

e recolhe no teu verso o que merece
o mais perdido encanto da lembrança.

Viagem de Inverno

Ângelo de Lima
(1812-1921)

A inteligência é uma arma antiga
que o inimigo rouba à escuridão.
Desfaça-se na terra a luz amiga
e os passos que em seu eco ardendo vão.

Pára-me de repente o pensamento
e a luz que nos contorna na razão.

Poesias Reunidas 1985-1999

Fernando Pessoa
(1888-1935)

Disfarçamos os gestos nessa bruma
que o corpo sabe rente ao coração
— como o perfeito mar morre na espuma
e vem ouvir-se em nós a escuridão.

Perfeito o magoado som de pluma
que modula em seu arco a solidão.
Só nos sossega a hora mais escura
e os passos que em perdido rumo vão.

Sorriem já as máscaras ao lume,
solto o mundo em redor do coração
— e correm nos seus barcos de negrume
os tons dissimulados da canção.

Que mais do que da terra em que se nasce,
desta escura canção a alba faz-se.

Viagem de Inverno

Vitorino Nemésio
(1901-1918)

O que sabes fazer
é tão silencioso:
e vieste suster
a vida no seu ovo.

Portentosa atenção
que ao viver mal escapa:
nem sequer tem à mão
a nervura da faca.

O que sabes fazer
entre o verbo e a morte
foge ao teu entender
— só assim te faz forte.

Lamento

1.

Lamento é espaço
do vasto mundo;
o olhar baço
se vê no fundo

— donde irradia,
sem se entender,
a melodia
por conhecer.

Viagem de Inverno

2.

Guarda o fervor
da imaginação
só em redor
do coração.

Cerca e contorna,
só de o cantar,
o que transforma
o imaginar.

E acende o dia
pobre nas mãos,
que já a fria
erva nos vãos

prados e bermas
do teu cantar
das coisas ermas
nos veio falar.

3.

Nunca te disse
como sabia
— ou que te ferisse
tanta alegria,

ou que o temor,
íntimo e pardo,
do falso amor
escuro aliado,

alheio fosse
ao nosso intento
— nada nos ouve
o nu lamento.

Viagem de Inverno

4.

Feito já sombra
que o coração
sabe que ronda
onde mais não

se vê que brilhe
nem desvaneça
o surdo timbre
que recomeça,

arde o lamento,
ideia pura
que o pensamento
tece e não cura.

A Imagem no Escuro

1.

A imagem no escuro
é o fio que o poeta
percebe no muro
— sombra quase asceta.

Muro de prisão,
confinada cela
ou só solidão
e nada além dela.

A imagem no escuro,
desfeito novelo,
é pretexto puro
— como merecê-lo?

Viagem de Inverno

2.

Talvez que a imagem
(o que resta dela
na curta viagem
onde cabe vê-la)

ao contrário seja
presa do humano
e melhor se veja
nesse espaço plano

onde a voz ressoa
entre as demais vozes
e não nos magoa,
nem sequer demove

sabermo-nos dentro
do profano vulgo,
no pulsar imenso
que nos dá o mundo.

3.

Por mais que o presente
aborde a linguagem
e torne evidente
não haver viagem

que o real não siga
de qualquer maneira
(porta que nos liga
já à terra inteira),

é só no que diz
que sabe o poeta
(seja ou não feliz)
colher da deserta

imagem no escuro,
frente à solidão,
o recado impuro
que as coisas nos dão.

Viagem de Inverno

Os Poetas Esquecidos

Ficaram pelo caminho.
Não lhes foi sua a idade.
São nota de rodapé
para a posteridade.

Ficaram pelo caminho
na agonia esquecida
de que o escuro temor
lhes devorasse a vida.

Ficaram pelo caminho.
Fizeram o seu tempo.
Na morte sem abrigo
é que têm assento.

Ilesos da glória
que a fama não deu,
sem cruz nem vitória,
bem longe do céu

da história literária,
gazeta ou Parnaso,
têm morte diária
ou leitores de acaso.

Os Poetas Mortos

Se nos deixaram sós
na casa abandonada
foi só para que nós
víssemos na estrada

amortecer em luz
incerta e derradeira
o dia que conduz
o fim à nossa beira.

Se nos deixaram sós
entre o morro e a morte
foi só para que a voz,
julgando-se mais forte,

pudesse arrebatar-nos
a um fazer perdido
e assim consolar-nos
de só termos vivido.

Viagem de Inverno

Fala dos Poetas Mortos

Éramos tão jovens. Éramos bem
de uma outra geração.
Como se o tempo todo,
num imenso milagre suspendido,
viesse colher sentido à nossa mão.

Mais jovens que o destino da flor
em rosa de Malherbe antecipada,
fomos a voz que se ouve antes da dor,
somos a dor que dói dentro do nada.

Madame Bovary c'est moi

Onde se perde o teu olhar vadio?
Nestes livros, nas flores, na manhã?
Acordas no poema um estranho brilho
e guarda-lo num verso de amanhã.

Versos como essas flores apodrecidas
que juntas num herbário pueril,
versos que na memória adormecida
gota a gota se dão eco senil.

Só quem nada mais crê, nada mais sabe
e de nada mais ter ama a beleza
enfrenta a liberdade que lhe cabe
como mais um talher posto na mesa.

Viagem de Inverno

O Adeus à Poesia
(com um verso de Guido Cavalcanti)

A emoção percorre-te a poesia
que deixaste crescer, lúcida e fria.
«E fa di claritá l'aer tremare»
o nome que soubeste abandonar.

Não te sei dizer mais a palavra
que redima e perdoe uma tão áspera
pena que assim me dói em ter deixado
sinais, só aparências, deste lado.

Mas sabe que onde escondas a poesia
ali será a terra como o dia
e o deus que aqui souberes merecer
pura tensão será no teu dizer.

Viagem de Inverno

VI

CIRCUNSTÂNCIAS

«Não me importam já versos nem prazeres»

(fragmento de Arquíloco)

Viagem de Inverno

Epígrafe com um verso de Jorge Luís Borges

Há algo de imortal numa promessa,
dizia Borges num poema seu.
Lembra-me só, sem que eu sequer te peça,
esse esquecido verso quem mo deu.

Podia ser quem mais desconhecesse
um jogo que entre versos e temores
da nossa própria vida se tecesse
em doída suspeita de fulgores.

Perfeitos os amores sem piedade;
abolidas certezas; e a paixão
podia ser tão só a claridade
da noite a agonizar à nossa mão.

Ninguém estende a mão a um poema
que a memória não saiba transformar:
neste, corpos e versos são o tema
dos jogos que aprendemos a jogar.

Como um amor que dói sem ter nascido,
num verso cabe a vida e o seu olvido.

1.

Em casa, na província, escrever versos:
premonição que vem de uma outra vida,
onde se cruzam tempos mais diversos
e a luz relembra a forma já esquecida.

A vida não é mais que este caminho
que gira sem cessar sobre si mesmo,
na ironia sabendo do destino
como desenrolar curso e novelo.

Eu vi casas e festas neste lume,
brilhando como eco ou agonia:
vida que à escura ideia se resume
que só cinza se vê no claro dia.

Perdido andava o verso onde se via
palavra feita luz do que morria.

Viagem de Inverno

2.

Em casa dos meus pais: perfil escuro,
adiado ou a contar mais adiante.
O olhar aqui sustido face ao muro,
em turva quietação preso o instante.

Nesta fotografia abandonada
a solidão conheço onde adoece
quanto do imaginar se fez jornada

e é sombra ou medo antigo que escurece
e isto só nos coube por morada.

3.

Aquele só concerto de motores
a respirar por dentro do navio...
Eu vagueava ali entre temores,
menino que à infância perde o fio.

Assim, em proustiana cerimónia
face aos motores e longe do coração,
acendem-se braseiros na memória
que escurecem o átrio da canção.

Viagem de Inverno

4.

Fugia para dentro. O imaginar
de repente se fazia puro olhar,
como o ano a fugir para o inverno.
Fugia para dentro sem cuidar
no verso que, de baço, se diz terno.

Fugia e nessa solta desfilada
alcançava entender como mais nada
tocaria afinal meu coração,

que já fora de mim rompia a estrada,
trazendo a luz à beira da canção.

5.

A nada fui fiel e não me dei
senão à luz por dentro de um olhar.
Dos corpos e palavras que passei
saiba o fulgor perdido vislumbrar,

qual verso que não busca companhia,
um desprendido sulco feito dia.

Viagem de Inverno

6.

De amor desfeito em anos e certezas
não falaremos mais. Onde nos dói
é onde as insensatas fortalezas
dos anos nos transformam no que rói,
sem morigeração, toda a esperança.
E devagar, sustida na lembrança,
a azenha de Heraclito o tempo mói.

7.

Não me importam mais versos nem prazeres.
O verso vem da vida e à vida torna
e só o pudor da terra dá a forma
à perdida memória dos dizeres.

Prazeres que me trouxesse o claro dia,
por certo da lembrança abandonados,
acordariam ecos perturbados,
quebrando num só pé toda harmonia.

Não me importam mais versos nem prazeres.

Viagem de Inverno

8.

Há uma voz antiga atrás da minha
e outra mão se prende na cortina

e afasta os reposteiros dessa luz
que ao puro esplendor logo conduz.

Se a voz que aqui retenho se faz presa
da própria escuridão que viu acesa,

é que outra voz se perde sem saber
que a minha voz a busca para morrer.

9.

Já a voz de meu pai ouço no escuro,
que palavras guardou para me dar.
Mas o que agora vejo é o branco muro
que protege as ruínas do lugar.

O vento entretém na esteva triste
promessas de semente e primavera.
O que em vida cantou já não existe,
aqui se perdem fábula e quimera.

Pousa na minha a tua mão gelada
e pergunta aos meus olhos que se vê
do outro lado dessa nua estrada
onde a palavra sinto que me lê.

Viagem de Inverno

10.

Poder dizer: está feito! e afastar-me,
sem a vida em penhor deixar e nada
que venha decifrar o branco nome
a escorrer das paredes desse verão,
como esta cal que os mortos para si guardam
num jeito manso ao pé do coração.

Viagem de Inverno

VII

FINDA

«Tudo o que sonho ou passo,
O que me falha ou finda,
É como que um terraço
Sobre outra coisa ainda.
Essa coisa é que é linda.»

(Fernando Pessoa, «Isto»)

Viagem de Inverno

Fim do dia

Aquieta-se o silêncio na folhagem,
que em árvores teceu amor antigo;
sobressalto transposto da viagem
que o dia rumoroso fez consigo.

O coração, que é sombra na paisagem,
dá às palavras vãs outro sentido;
e é murmúrio desfeito na aragem,
que do entardecer recolhe abrigo.

Ares assim se fazem de uma luz
que torna como baço o sol poente;
e o coração à estrema se reduz,
como o dia se volve mais ausente.

Recolhem-se as palavras no vagar
que dia nem fulgor nos podem dar.

Finisterra

Como vultos se afastam numa praia
e sombras se desfazem frente ao mar,
vivemos e passamos sem notar,
na orla de um país, que em sua raia

de espuma se desfazem as quimeras
na falésias desertas do real.
E já inverno fecha em ouro e sal
um tempo que foi lume das esferas.

Deixemos que a palavra adormecida
ganhe a crua distância da razão
e o coração nos leve de vencida,

que já o frio começa e a ilusão
inundará de neve a nossa vida
e negará de novo a solidão.

Viagem de Inverno

Fin de siècle

(epílogo)

Já só o encantamento de ti resta
no verso em que soubeste transportar
a luz desaparecida de uma festa
para a amargura acesa de um olhar.

O século que finda já nos deu,
para além das palavras mais vazias,
a estrela d'alva aonde morre o céu
em vãs constelações, por demais frias.

Manhã se diz a treva iluminada
que ri no limiar do pensamento,
como se à terra nua e devastada
coubesse o culminar do firmamento.

Como um deus que se esconde na folhagem,
o vão poeta nasce desta imagem.

Poesias Reunidas 1985-1999

"Les sentiers sont âpres. Les monticules
se couvrent de genêt. L'air est immobile.
Que los oiseaux et les sources sont loin!
Ce ne peut être que la fin du monde, en
avançant".

(Arthur Rimbaud, *Enfance*)

O Jogo de Fazer Versos
1994

«Vão vagos pela estrada,
Cantando sem razão
A última esp'rança dada
À última ilusão.
Não significam nada,
Mimos e bobos são.»

(Fernando Pessoa, *Depois da Feira*)

PRIMEIRO LIVRO

O Jogo de Fazer Versos

Carta a Fernando Echevarría

Estes versos que lês, caro Fernando,
buscam em metro e rima duro mando.
Como se na medida e no rigor
pudessem esquivar-se do sabor
das mastigadas fórmulas sem amo,
sem dono nem senhor há tanto ano,
academismo vão que se fez presa
de um poetar sem cor e sem surpresa.
No alto e frio rigor da poesia
teus versos são cristais, na demasia
talhados, como pedra se lapida
e brilha, diamante, contra a vida.
Um dia me falaste de uma aura,
que ao poeta preserva, como em jaula
de luzes e crepúsculos doirados
a fera aguarda o salto. Transviados,
nossos passos perdíamos no cais
em frente ao Châtelet e nunca mais
pude esquecer o teu conselho certo:
— Tempo podes perder, mas não um verso.

1

O Jogo de Fazer Versos

«la mejor poesía
es el Verbo hecho tango»

Jaime Gil de Biedma, *El juego
de hacer versos*

Unheimlich

Adoece o inverno de uma luz
que se move da terra para o dia.
É estranha a sensação que nos conduz
a beira de uma antiga alegoria.

É como se tivéssemos passado
demasiadas vezes este rio
que dentro de um inverno figurado
nos escurece a alma do seu frio

ou como se a sonâmbula poesia
alguma coisa aqui pudesse ler
do branco que se tece neste dia
para melhor nas palavras se perder.

Unheimlich (2)

Surgia um estranho sol, a descoberta
de um corpo entre geadas e orvalho.
E nessa terra nua a voz deserta
fazia das palavras seu trabalho.

Concentrado no fruto, o coração
buscava em si a confusão da noite.
Surgia um estranho sol, desolação
e a meio da treva o vento como açoite.

E que procuro eu nesta difusa
sombra de uma imprecisa alegoria?
O terror que pressinto ou só a escusa
lembrança que nas coisas se perdia?

O Jogo de Fazer Versos

Contrafacções

1.

Don du Poème[1] *ou Versos do Pobre Burocrata*
   para a Didas

Trazer-te a casa restos de lirismo,
versos em saldo de emoções passadas;
colher no dia falho de heroísmo
seu terno manancial de águas paradas.

Entender que a poesia subverte
tudo o que a torna presa do instante;
calar a própria dor, quando promete
mais do que sabe o coração amante.

— E neste pobre verso burocrata,
que cumpre o metro como horário seu,
de súbito outra imagem se desata,
mas o que quis dizer já se escondeu.

---

1. Mallarmé

2.

Hypocrite lecteur, mon semblable, mon frère...[1]

Gostaria que um dia tu me lesses
num jeito entre a maçada e o vagar
que o tempo distribui às nossas preces
quando o que não previmos tem lugar.

Hipócrita leitor, vã criatura,
que procuras do lado deste oco
abismo de papéis que a amargura
enredou no silêncio de tão pouco?

Arregacei as mangas ao poema.
A tudo fiz soneto: aqui, além...
E nada em mim conheço que não trema
dum frio que não entende mais ninguém.

Anda perdida em mim a noite pura,
com restos de verdade e literatura...

---
1. Baudelaire

3

O modo funcionário de viver[1]

(à memória de Bernardo Soares)

O mundo dos pequenos funcionários
lembra-nos no fervor o patrão Vasques
e traz aos nossos actos mais diários
a poesia do mundo sem disfarces.

Quando longe do jogo das intrigas
(deram aos nossos dias emoção),
lembramos em agendas mais antigas
o que ficou aquém da ilusão.

Este mundo é perfeito como um ovo
de si suficiente e não merece
poder ser corrompido pelo novo.

Aqui em bom rigor nada acontece.
E vemos flutuar à nossa volta
um rumor sem um eco de revolta.

---

1. «o modo funcionário de viver» (Alexandre O'Neill).

4.

Nós as vencidos do Surrealismo[1]

Nós os vencidos do Surrealismo,
a quem a Poesia atraiçoou,
haurimos o perdido vanguardismo
num verso desmedido que sobrou.

Nós, que perdemos mais do que a medida,
fizemos do delírio alibi
de enredar a poesia com a vida
rasteira e pobre que se vive aqui.

Não tende contra nós o coração
endurecido, novas gerações:
lutando sempre à beira do sentido,
fizémos da fraqueza tentações.

---

1. Cf.«Nós os vencidos do Catolicismo» (Ruy Belo).

O Jogo de Fazer Versos

5.

Sem importância

Qual Ezra Pound em música ligeira,
anda-me um estro mau a segredar
esta terrível falta de maneiras
que ensinará ao Mundo o meu lugar.

Algum nacionalismo iluminado
não ficaria mal a um Poeta:
«À Europa os vendidos!»[1] Disfarçado
na camisa que em sonhos uso preta...

Nada disto tem mais importância
que aquela que lhe dá quem a quiser.
Fique comigo só a irrelevância
das frases impossíveis de manter.

---

1. Cf. João Miguel Fernandes Jorge, *A Jornada de Cristóvão de Távora, Terceira e Última Parte,* pag. 84.

6.

Chanson de la plus haute tour[1]

Convulsa vanguarda,
por demais servida,
em tua morada
perdemos a vida.

Queimámos o verso
no imaginário;
deixámos disperso
o fulgor diário.

Que fazes da vida?
Que sabes da arte?
Numa despedida
de que ninguém parte,

demora-se o verso
na escura maneira
de vir para perto
da luz derradeira.

---

1. Rimbaud

O Jogo de Fazer Versos

7.

Alguma poesia[1]

Há poesias só feitas do mover
que de si mesmo traça o pensamento:
e é vão nessas poesias ir esconder
a música perdida de um lamento.

Mas por vezes insiste na poesia
um estranho fio de voz que se detém
no escorrer de uma branca melodia
por dentro de paisagens de ninguém.

Qualquer que seja a música sentida,
nenhum poema dura se o não vê
essa razão que colhe dentre a vida
outra apagada teia que nos lê.

---

1. Depois de ler *As Moradas 1 e 2*, de António Franco Alexandre e
Dois Sóis, a Rosa, a Arquitectura do Mundo de Manuel Gusmão.

8.

Balada dá Neve

Uma neve rala
a correr a terra,
uma luz bizarra
feita de quimera,
a urze maninha
que do meu país
toda se adivinha
no que se não diz
— respiram ausentes
sobre a terra inteira
e tomam diferentes
formas e maneiras.
Não que cante a terra,
nem suas diferenças;
mas onde se deram
fulgores e ausências
não podem os versos
deixar de escutar
acordes dispersos
para longe do olhar.
Não finjo o real,
não pretendo nada:
a neve final
na terra parada.

O Jogo de Fazer Versos

II

Os Idos de Marx

«vejo-te traído
pelos teus discípulos:
só os teus inimigos
te restaram»

(Hans Magnus Enzensberger, *Karl
Heinrich Marx*, trad. Almeida Faria)

O Jogo de Fazer Versos

1.

Os Idos de Marx[1.]

Proletários de todo o mundo, ouvi-me!
Venho aqui enterrar o marxismo
e não elogiá-lo. Seu mal aqui
sobreviva, enquanto o bem que fez
na comum vala da História
com os outros ideais ora passados
repouse e se desfaça lentamente.
Assim seja também com o marxismo.

Filósofos condenam-lhe a ambição:
se foi assim, por certo falta grave
foi e gravemente ele a expiou.
Pedem-me hoje o Filósofo e os mais
(pois todos eles são homens honrados)
que diga umas palavras nesta hora
que para todos nós é despedida.

Do Povo amigo foi, duro e fiel.
Mas de ambicioso aqui o chamou
o Filósofo. Que é homem honrado,
pois todos aqui são homens honrados.
Trouxe aos trabalhadores a segurança
do Estado-Providência, a protecção
da igualdade possível na dureza
da desigual repartição capitalista.

Poesias Reunidas 1985-1999

Será isto ambição e nada mais?
Quando os pobres gritavam, ele ouvia.
Uma pura ambição teria por certo
bem mais rude estofo. O Filósofo
di-lo, não obstante, ambicioso.
E o Filósofo é um homem honrado.

Não falo aqui contra o Filósofo,
falo tão só daquilo que conheço.
Pois todos o amastes tanto um dia
que por ele o melhor de vós daríeis.
Porém foi o pior o que lhe destes:
a ambição desmedida do poder
a coberto da falsa ideologia.

Que vos impede agora a dor profunda
de um sentimento que outrora foi vosso
e se perdeu? Ò tu, simples decência,
que foges já os fastos deste tempo,
levando a mais comum Razão contigo,
falta-nos só compreender o mundo
que perdemos de tanto transformar.

Ontem ainda a força do marxismo
erguia pelo mundo as massas proletárias.
Agora ei-lo que jaz num livro velho,
ninguém para cantar os nosso hinos.
Ah! camaradas, assim nós estivéssemos
prontos para uma nova insurreição!
Mas o Filósofo é homem honrado
e os políticos são homens honrados.
Eles têm a Razão e nós o erro.
Eles dizem a Lei e nós passamos.

O Jogo de Fazer Versos

Se tendes lágrimas, chorai-as agora.
Olhai os textos que rasgados nos deixou:
por aqui penetrou com crueldade
a lâmina acerada do Filósofo.
Vede como o seu sangue parece seguir
a esteira do punhal, só para ver
se foi mesmo do Filósofo esse gesto.
Sabeis bem, camaradas, quanto amor havia
entre a Filosofia e as ideias marxistas.
Tal foi por certo o golpe derradeiro:
a Filosofia era do marxismo o sumo Bem
e por seu bem seria aqui vencido.

Que queda foi aquela, camaradas!
De todos ela foi e de nenhum,
pois ninguém mais conhece a aura
da ideologia da classe operária.
Nada vos direi mais. Fosse eu filósofo,
em vez de um pobre homem, e levantaria
para a Revolução todo este povo.
Razões de sobra teriam para o fazer
quantos o mataram sem tremor.
E eles sábios e honrados são,
nós deixámos só toda esta esperança.
Que este era um Ideal! E onde há outro?

---

1. Cf. Shakespeare, *Julius Caesar*, III, 2, 75-109.

2.

Elegia[1]

(Lisboa, 1975)

Lembras-te, meu amor,
das tardes estivais
em que íamos os dois
tão só manifestar
para junto do Povo
Unido e dos demais,
onde a História pudesse
ouvir-nos conspirar?
Tu levavas na mão
um papel exaltado
e davas-me o teu braço;
e eu, absorto, sonhava
teu corpo que perdi...
E ao longe a multidão
era um arfante abraço,
que logo se juntava
ao que eu sonhava aqui.
A harmonia da luta
ganhava teus sentidos.
A multidão operária
em breve diluía
na massa o teu perfil
e os sonhos escondidos...
Erravam pelo ar

O Jogo de Fazer Versos

canções da Utopia
— canções que de bem longe
as classes oprimidas
traziam na lembrança...
Olhavas para mim,
cuidando qual criança
no sentido da História:
esquecíamos assim
o rumo da Vitória...
Olhavas para mim...
Meu corpo rude e bruto
vibrava como as massas
no Palácio de Inverno...
Oh, dor, ainda hoje escuto
nessas palavras de ordem
juras de amor eterno.
Ouço bem tua voz,
vejo bem o teu rosto
— tudo o que éramos nós,
hoje sombra e desgosto...
E vejo-te no meu sonho,
eterna como meta
— não te alcança o amor
nem entende o poeta.

---

1. Cf. Teixeira de Pascoaes, *Elegia do Amor.*

3.

Balanço

(Sarajevo, 1994)

Vivemos esta espécie de anos trinta
com bandeiras e dor por pensamento
— causas que a guerra torce num lamento
e da desolação matéria-prima.

O fumo além das terras percebido
deixa-nos vaguear neste deserto
feito pura incerteza e desconcerto,
dos sonhos da Razão perfeito olvido.

Demora-se entre sombras a figura
que vimos prender fogo nas areias
acesas num rumor de noite escura.

Quanto custa esquecer nossas idéias,
quando vemos que o brilho dessa cura
resplandece nas mais dúbias bandeiras!

4.

Fin de Siècle

Sentado num café à tua espera
deixo o rumor do mundo dissipar
uns ecos persistentes de quimera
que tentam nas palavras assomar.

Poesia é o que faço desses restos
que ficam nas palavras por mudar.
E não conheço termos mais modestos
para dizer à Poesia o seu lugar.

Como se nós soubéssemos assim
dar um papel às coisas imprecisas
e do século ardesse neste fim
o que resta do sol em praias lisas...

Se nos morreu às mãos toda utopia,
é que sobra em palavras a Poesia.

O Jogo de Fazer Versos

FINDA

O Jogo de Fazer Versos

Final, em auto-crítica

MAKE IT NEW[1] — e que inventaste?
Os ritmos canónicos guardaste.

A rima pobre e a graça faceira
de quem a Poesia não se abeira

foram só uma *pose* na paisagem.
Depois tudo embalar, seguir viagem.

---
1. Ezra Pound

O Jogo de Fazer Versos

SEGUNDO LIVRO

O Jogo de Fazer Versos

«Vão juntos e diversos
Sob um luar de ver,
Em que sonhos imersos
Nem saberão dizer,
E cantam aqueles versos
Que lembram sem querer.»

(Fernando Pessoa, *Depois da Feira*)

O Jogo de Fazer Versos

Três dedicatórias (para a Didas)

1.

(Georges de la Tour, *La Diseuse de Bonne Aventure*)

Anel que a aliança fez perfeita,
um rosto de La Tour veste o teu rosto:
assim de luz e sombra rarefeita
o coração mais dói ao ver-se exposto.

2.

(13-3-1993)

Demorava-se como
ilusão nas palavras:
dir-se-ia então assomo,
afago ou pedra rara
— sorria do seu nome.

Deixava-se ficar
ilesa à ilusão;
durava no olhar
aceso de paixão
— secreta ao que mudava.

Levemente levando,
urdia sua trama;
inteira se mudando,
soltava-se da chama.

Lendo nós neste amor
uma outra maneira:
ignorar sua dor,
serena prisioneira.

3.

(Pont-Marie)

Saudades de viver
à míngua do teu corpo
— iremos esquecer
a sede nesse rosto?

Ou é porque lembramos
e não queremos dizer
que dura nestes anos
toda a luz por esconder?

O Jogo de Fazer Versos

As Luzes do Deserto

«O que vem do fogo é tudo o que esperamos
para que só a cinza o possa receber.»

(Fernando Guimarães, *O Anel Débil*)

O Jogo de Fazer Versos

As Luzes do Deserto (*sextina*)

Que por fim, em acerto ou desacerto,
no poema se joga e se resolve
um verso que sacámos descoberto
de mágoas que a memória nos devolve.
Assim discorre cega no deserto
esta perdida musa que nos move.

Como bicho que rói quanto se move,
estende-se pelo mundo o desacerto.
Assim dentro das coisas o deserto
é a chave em que o verso se resolve.
E a mesma solução que se devolve
ao mundo foi roubada a descoberto.

Só dura ambição fez que o descoberto
fasto do coração fosse o que move
tudo quanto a si ergue e nos devolve:
aqui o cobiçar foi desacerto,
que o sono da Razão tudo resolve.
E o coração nos foi como deserto.

Vive no coração todo o deserto:
o sentido das coisas descoberto
é o pó em que a terra se resolve.
Que mais do que a paixão que tudo move
é o destas palavras desacerto,
que nem a Poesia nos devolve.

Num só puro fulgor assim devolve
sua luz toda a areia do deserto.
Faça-se pois louvor o desacerto,
se neste perfil de astro descoberto,
que dentro da memória se não move,
todo o brilho do mundo se resolve.

Já em pura ilusão se nos resolve
o dom que a Natureza nos devolve
de num fulgor prender quanto se move.
Que nunca a terra saiba do deserto
quanto o poema foi um descoberto
dom da linguagem feito desacerto.

Em desacerto enfim se nos resolve
descoberto um fulgor que nos devolve
à luz que do deserto se não move.

Epigramas

1.

De puro desamor é feita a vida
do que palavras tece; pois não colhe
fulgor nas manhãs frias, mas ausente
dos seus o fundo brilho desconhece.

2.

As coisas também morrem. Dos teus livros
não colherás assombro nem paixão.
E o que neles viva é hoje antigo
despojo de memórias na ilusão.

As coisas também morrem e sabê-lo
desfia ainda mais nosso novelo.

3.

Dêem-me algumas flores sobre um muro
onde eu possa colher a vida escassa
que palpita e me dói neste tão duro
travo de terra em cada voz que passa.

4.

Verdade adormecida noutro lado,
escondendo-nos em vão o seu perfil
— colo de cisne branco magoado
a deslizar num fundo subtil.

Ou ecos de poemas, ou resquícios,
colhidos pela mesma fria mão
que aprende das palavras os seus vícios
e sem discurso engana a solidão.

5.

(*O Falcoeiro*)

A ferida que o ofício da poesia
abre no coração em sobressalto
e de amargo cantar nos contagia
direi como da presa o voo alto.

Pouse no punho a voz que à ilusão
os ombros encolheu de olhos enxutos.
Nenhum silêncio fala ao coração,
do seu voo nos restam secos frutos.

O Jogo de Fazer Versos

6.

Na terra que de cinzas foi coberta
os passos alcançados pela bruma
são ecos no silêncio ou deserta
identidade antiga e tão escura

que não se entende mais como o deserto
colhe a luz no rigor dessa amargura.

7.

(7-12-1992)

A infância perdemos gota a gota,
fonte a que só tardavam os teus dias;

e que alcança a passagem antes solta
da fria partitura em que morrias;

se a música mais alta faz o tempo
hesitar, como à beira do sentido,

quando a morte tocámos em Dezembro
fez-se do ano acorde o alarido.

Madrigais

1.

Amor, que sem razão ou eufonia,
viu tremer nas palavras demasia
e o corpo converter em rude excesso,

amor torna a lembrança do diverso
no acorde inicial ou melodia
que se perde na onda de outro verso.

Mas antes por areias consumido
fosse o claro desejo nomeado
do que nas minhas mãos adormecido

ou num mar de palavras inundado.

O Jogo de Fazer Versos

2.

Anda à gente perdida e trabalhada[1]
como se amar de amor parasse à porta
aonde amor do corpo foi morada

e ainda ardesse em nós depois de morta
a ânsia que se fez pura jornada.

---
1. Camões

3.

Quando procuras numa língua estranha
o tom de voz que os arrebata e fere
por dentro do que mais lhes move a sanha,

sabes que mais o teu furor não quer
do que o terror que sempre os acompanha
em palavras que o medo mal profere

e num pavor lhes volve a fria manha.

4.

Repara na paragem que entre sonhos
se abria na difusa madrugada:

tal como se o teu corpo fosse presa
da luz antes perdida na jornada.

5.

Sigamos só as luzes do deserto.
Escurece o areal. Na noite pura
o horizonte nos alcança perto

da mais despida margem ou escura
razão que por detrás da nossa vida
raiz do esplendor é que procura

e não conhece a dor adormecida.

O Jogo de Fazer Versos

6.

Mas já perdemos rasto da maneira
que abala o coração quando ressoa
por dentro dele a música primeira

que às mais perdidas ondas é que aproa.

7.

(7-12-1992)

A voz duma humilde criatura
não nos levanta ao céu, mas põe na terra
um tão discreto eco de ternura

que nos faz esquecer toda a miséria
aberta à branca luz da amargura.

Triunfos

1.

(*Margarida e o Mestre*)

O corpo tens na alma oferecido
ao mais escuro lado da Razão:
dissémos só palavras sem sentido,
mudámos o desejo em negação.

E fez-se do teu nome cinza rara,
versos com o rigor da exaustão;
a certeza da neve mais clara
a fustigar as árvores. E a mão,

adormecendo o tempo na cintura,
a deixar entrever tua loucura...

2.

Triunfo do dia

E refez-se-nos o mundo. Manhã clara,
a incerteza limpa como abrigo.
Todas as coisas calámos ou escondemos,
excitados como à beira do perigo.

E refez-se-nos a margem derradeira:
já nem sequer a luz, sequer o fogo
dissimulado no amanhecer, sabia

que era tão branca a voz transposta em dia.

3.

Triunfo da morte

«A morte como flor da paciência»[1]
soubeste, puro dia, atravessar.
Mas deixavas suspensa nesse ar,
como nuvem, a clara inteligência
que ensinaria a noite a regressar.

---

1. Miklós Radnóti

O Jogo de Fazer Versos

Miniaturas

1.

Trazias-me a linguagem de outros anos
e alguns pequenos modos de vivê-la.

E os maneirismos, os diferentes
tons
que pesam nas palavras. Era tua

a lembrança. O demasiado fim.

2.

Muitas vezes dormias no meu rosto
e as palavras ficavam por mudar

como a roupa apertada que trazias.

3.

(Cantiga partindo-se)

O discurso dos anos consumados
era um rosto fugaz na despedida.

Quanto te dei, quanto busquei aqui,
eco em eco perdido, traço amargo,
informe desfile de sombras era só
a fechar de nuvens o ar, que não a vida.

(...)

Logo nos comovemos. E depois
nem as aves nem os barcos que passavam
duravam contra a luz

que era a partida.

4.

Deixar-te abandonada entre as palavras,
amadurecer em pedra face ao nada
ou dar-te água ao sangue que amanhece

— eu só busco quem bebe a grande sombra
quando o rio se faz noite e desvario.

(...)
Como em sonhos, a névoa se levanta
e a terra colhe à luz todo o seu frio.

O Jogo de Fazer Versos

5.

Conheceste (dizem) o amor. E a quietação
das palavras

nesse murmúrio surdo de que as causas
se perderam há muito

e de que emergem as figuras
solitárias.

6.

Como podes viver dos teus vagares?
Teu corpo abandonavas nesse limbo
junto às palavras áridas da noite

e nem sequer a dor aqui sabias,
adormecido olhar dentro do mundo.

7.

Nada sabemos e de não saber
é que acontece ser a voz inteira.

Nocturnos

1.

(Sobre um poema de Nuno Júdice[1])

Havia luz demais no teu poema:
por isso esperámos pela noite. Escureceu na pequena
estação sobre a praia, mas o teu poema
continuava a brilhar no meio das notícias
levíssimas e das palavras que trocámos
por dentro da tarde. Ficámos assim muito tempo.

Nenhum de nós saberia dizer o que esperámos.
Apenas as palavras começaram a afastar-se,
para nós entendermos. Como a luz.

---

1. *Horário*, in *Um Canto na Espessura do Tempo*, p. 27.

O Jogo de Fazer Versos

2.

(A partir de uma estampa chinesa)

I

O pavilhão desenhado no jardim
não é matéria de sonho:
quem o habita? quem
dentro da linha ténue
das paredes
lhe recolhe o fruto
desolado?

II

Haverá um centro,
um motor de harmonia,
uma fábrica de sonhos
por perceber?
Será a linha do horizonte aquela margem do rio
que os teus passos não podem conhecer?

III

Se pudesses merecer
toda a indiferença da terra
terias nestas pedras, nesta água
o teu lugar.
O pavilhão não se acende no jardim:
vibra na paisagem
atrás da luz.

Of Splendour in the Grass

1.

Quis contigo escrever um poema.
Deitámo-nos na relva do tempo
e senti na tua boca a outra metade do céu.

Alguns deixam a História por quimeras,
a sua própria história desenhada no verde
renque das imagens. E absolve-os
a memória. Eu não quis contigo
durar mais que um instante na relva:
nem esplendor nem miséria, o tempo certo,
a perda exacta. Como se o poema
existisse tão só nesse momento
e ninguém mais o pudesse vir escrever.

O Jogo de Fazer Versos

2.

Névoa, fulgor, desolação.
Tão longe os pinheiros sobre a praia.
A imaginação adolescente rodava
com as estrelas e víamos nas casas
lugares de fábula e crime. Não, comprazimento não,
eu quis contigo escrever um poema,
não um tardio desfilar de memórias,
por força confinado à própria voz.
Um poema, uma partilha silenciosa
(se ao menos o pudéssemos recordar).

3.

«Meditar o poema ou
executá-lo no verde esplendor
da relva apercebida?» Que posso eu responder
ao que não me perguntas?
Demora-se o teu vulto sobre a relva
e sabe o corpo demais o que não busca,
o que não voltará a encontrar jamais.

O Jogo de Fazer Versos

4.

Desapareceu o livro que então líamos
até não podermos mais continuar.
Como retrato a crescer dentro do tempo
dura o esplendor do corpo sobre a relva.
O ar de tanta névoa emudecido
ganha a solenidade do silêncio.
E já com as palavras secas de te olhar
sou esta vaga sombra entre os dizeres.

5.

Esta imagem trabalha-me o poema:
os pinheiros sobre a praia, contra a luz
desaparecida de uma tarde apenas.
Os encontros furtivos no pinhal
fizeram-se distante evocação
ou sombra difundida na paisagem.
A relva desfez já a tua imagem.
Queria escrever contigo esta canção,
mas guardam-nos os anos e as sombras.
Viémos hoje perder-nos nas imagens
ou tão só esquecer o coração.

Todesfuge

O vento empurra as folhas e ardendo
vai-se-nos consumindo neste inverno.
É dia de finados e contudo
não levaste nenhuma flor ao cemitério
e a campa rasa ardendo sobre os dias
foi nos teus dedos invenção, *melancolia,
não digas mais melancolia,* no inverno
perdida a invenção dentro dos dias.

A invenção perdida no inverno, raios distantes
e este coração no declínio.
Não digas nunca mais melancolia:
a febre deste inverno se tecia
nas árvores soberanas frente ao mar
e então a própria flor que tu colhias
atravessava os anos e o ar
para chegar a ti junto do vento,
mas longe ainda da pedra, o coração

que por demais ardido se movia.

Um poeta esquecido

1.

Um livro quase pronto. São tantas coisas para perder
e que demoradamente te tiveram.
Tu não terás biografia. O sopro do vento na água,
a tarde muda no seu estremecer
serão breve lembrança ou frio eco
de portas que se fecham sem te ver.

2.

Que transformar as frases da miséria
em perdidas palavras de alegria
foi a memória pobre que deixaste
— *imagens que passais pela retina...*

3.

Quem lembrará a luz já feita dia?
E quem teus versos sós, a cinza fria?

Vigília

1.

Arrancava as estevas
mais opacas
ao rés do coração;
olhava o enxuto
poço escuro;
dormia-lhe na mão
um animal perfeito:
estrela, duração;

no secreto rigor
da sua viagem
dormia o coração:
ardendo na imagem
duradoura da noite;
temor ou invenção

que tarde nos dizia;
inventava uma alba
perfeita na distância
que acesa se cumpria.
Quem é que ali sonhava?

2.

E nunca o coração
desfeito em sua cinza[1]; a margem
feita névoa; devagar a partida;
rumores a descrever
o rio que se perdia;
depois o leve sono

que mal nos repartia.

---

1. «que nunca tenha o coração de cinza» (J.M. Magalhães, *A poeira levada pelo vento*).

3.

Descreve-se o desenho
imperfeito do dia; mas não nos arrebata
a ária entre ruínas.
Peso de um passo morto
desde sempre nos liga
ao poço que entre as ervas
morre quando ilumina.

4.

É por dentro da noite
e é o que cerca o dia.
É aura feita luz
e escusa melodia.
Não a digo, mas sinto
através das palavras
todo o brilho do mundo
que ela só nos trazia.

O Jogo de Fazer Versos

FINDA

Poesias Reunidas 1985-1999

«Pagens de um morto mito,
Tão líricos!, tão sós!
Não têm na voz um grito,
Mal têm a própria voz;
E ignora-os o infinito
Que nos ignora a nós.»

(Fernando Pessoa, *Depois da Feira*)

Modos de Música
1996

DEDICATÓRIA

A quem não basta a vida, a quem procura
as luzes escondidas de outra noite
deixo dedicatória e pronta fuga
da treva que nos ronda até à morte.

Mas já não sei mentir. Ruim figura.
Durou o nosso enredo uma só noite.
Teu corpo eu aprendi nessas escuras
sombras a que não chega nem a morte.

A quem não basta a vida, a quem engana
essa réstea de luz dentro da noite
deixo dedicatória e abro os olhos:
que tudo nos é dado de repente.

E num feixe de sombras imprecisas
arde o que resta a quem não basta a vida.

Modos de Música

DE MEMÓRIA

Modos de Música

1.

Modos de Música

DIÁLOGOS DE POETAS

Quando eram os dois estudantes em Oxford
disse uma vez Auden a Spender:
«a arte é o que resulta de uma persistente humilhação»;[1]
e ficou deitado no quarto a fumar,
enquanto ouvia os passos envergonhados do outro
a afastar-se pelo corredor fora. A arte
pode durar no sangue, mas nada conta
face aos tumultos, ao insaciável e brutal conhecimento.
Assim ficaremos, sós e divididos,
a respirar no silêncio dos quartos
a perdida invenção da juventude
— até encontrarmos noutros frios corredores
a música voraz do esquecimento.

---

1. Spender, *World Within World*

Poesias Reunidas 1985-1999

PAISAGEM SUBURBANA

Pequenas árvores torcidas
sob a chuva; o verde pouco;
e casas onde o céu
não tem como findar.

Se esta paisagem fosse só
amor ausente, vidro fosco,
miséria sem halo
(como o real que sobra da canção),
contrafeitos à chuva e transviados
saberíamos perder o coração.

Modos de Música

POÉTICA MÍNIMA

Considera o peso de uma alma,
o cheiro a pó-de-arroz
atrás de tanta chama,

a seda amarrotada,
o cetim que não brilha,
a boneca no fundo
da quinquilharia.

Nada pesa no limbo
que há dentro da memória:
considera na alma
o avesso da História.

ATERRAGEM EM BRUXELAS

Descemos para Bruxelas e já foge
o nosso rumo nesta branca névoa.
Por fim queria dizer-te devagar
tudo o que esquecemos pelo tempo,
as coisas que escondemos, o vulgar
acender das mãos contra este frio,
as coisas mais sinceras que há na terra.
Descemos para Bruxelas e é tarde,
deixámos já perder nossa agonia.
Eu queria só falar-te de passagem,
ouvir contigo a ária doutros rios,
agora que anoitece e a verdade
fugiu de nós enquanto fomos dia.
Escrevi-te muitas vezes sem saber
o fio dessas manhãs que te escondiam.
(Maravilha escutar o que durava
na pedra prometida!)
Agora que de nós já foge a esperança,
atam-se os cintos. Começa outra descida.

Modos de Música

UNIVERSIDADE DE VERÃO

Fica lá fora o verão.
Aqui dentro envolvem-nos conversas que não começámos,
propósitos que deixámos ou esquecemos,
idéias que não chegámos a definir,
como um nevoeiro baço de alheias intenções.

Eu tinha palavras e deixei-as partir,
tão longe da harmonia e da invenção.
Se eu quisesse falar,
se eu quisesse de verdade uma palavra
deixá-la-ia arder na garganta até incendiar o corpo.
Mas fez-se tarde, é noite, alguma bruma
trouxe de novo o frio de cada dia.
Quem nos trará a noite e a harmonia?

Santander, 11/8/1995

Poesias Reunidas 1985-1999

AO SUL

Austral e negra como mão que pousa
na neve branca que o olhar mudou.

San Carlos de Bariloche, Andes, 12/10/1995

Modos de Música

ENTARDECER DE VERÃO NO NORTE

Transformar esta tarde nas palavras
ou deixá-las soltar-se pela luz
que prolonga o dia além do tempo
e faz sentir além do sentimento?

Amargo coração, porque não deixas
o verso libertar-se do teu jugo
e ganhar em leveza e tarde quieta
o que perdeu no dia em fino fumo?

Mas a tarde alongada que eu sentia
era a luz a negar todo o seu dia.

Estocolmo, 13/6/1996

AMANHECER SOBRE O DESERTO

Lutava contra o sol aquela faixa
estreita de sombra, negra de silêncio,
onde passava o nosso olhar ausente.

Lutava contra o sol, réstea da noite.
o que resiste à luz dentro da terra:
a mágoa de perder o que é da treva,
pontos de incerta luz sobre o vazio.

Lutava contra a luz o que é da terra.

Modos de Música

ÁFRICAS

Não se faz da memória um novo amor,
por isso nada em mim te procurava.
Não te sonhei sequer quando criança,
teu nome não brilhava como estrela.

Porque amor é só feito de surpresa,
mais nos agarra quando nunca o vimos.
Para mim teu país no mapa era
uma confusa mancha de incerteza.

A guerra, a solidão, fim do Império,
vieram dar o rosto da tragédia
ao que eu nunca sonhara como história

que fosse pessoal. Coube-nos todo
este peso da História e esta surpresa
de te reconhecer como eu respiro.

Ilha de Moçambique, 5/2/1996

DOIS POEMAS PARA ANGOLA

1.

Longamente gritou a luz
nos quartos escurecidos pela morte.

Já os homens se erguem da ruínas,
eternos soldados da noite:

no olhar tanta guerra, tantos dias
usados em tão só sobreviver,

que as almas descarnadas que traziam
eram armas precisas para morrer.

Modos de Música

2.

A paz que não encontras diz-se guerra.
Guerra se diz o estado natural:
homem lobo do homem nesta terra,
partilhando o seu bem do mesmo mal.

Dito doutra maneira, noutra lei:
guerra nos deu o ser, nosso crescer;
a paz que não conheces (e eu não sei)
irá ter algo mais para oferecer?

Terá ela outros frutos como fogo,
um tão branco clarão de artilharia,
a música da dor, o seu denodo
em cantar no mais dentro da agonia?

Terá ela outro trilho iluminado
onde arrastar por meses a miséria?
Ou irá ter a fome do seu lado
a corroer o interior da terra?

Irá ter estas minas que festejam
de dentro o ressoar dos nossos passos,
numa explosão surda que desejam
altas aves perdidas nos espaços?

Poesias Reunidas 1985-1999

A paz terá a bomba e a cratera?
Terá a ferida lenta, exposta ao ar ?
Será que sabe os frutos desta terra,
que acabámos aqui de enumerar?

                              Angola, Agosto de 1996

Modos de Música

2.

Modos de Música

RELENDO VERSOS ANTIGOS

1.

Há uma sombra que não voltará a tocar-me;
há uma réstea de sol na poeira espalhada
de um perdido mês de maio; há uma rua intensa e nítida,
mas não há lembrança
que traga até mim o teu olhar.

2.

Descendo a rua até ao pequeno largo
e os arredores da casa; a luz ressurge
no ocre das paredes, como então
dentro do verso. E a palmeira no jardim marca
o metrónomo do tempo.

3.

Na mesma esplanada, vazia de manhã, onde então te esperava:
há uma sombra que não voltará a tocar-me,
há um vento oculto sob os epitáfios, uma poeira
e o seu nada.
Ressurge o florir do mês de maio
e a sombra entre as paredes da lembrança.

DE AMOR

Considera o amor como um retoque num quadro antigo,
que subitamente o vem iluminar:
vimo-nos muitas vezes antes de seres no meu olhar
aquela *luz em um país perdido*
que tu quiseste em vão esconder, negar.

O quadro manteve o mesmo fulgor:
a reverberação no silêncio da perda,
o desamor.

Quem avivou o brilho das tintas, quem corrigiu o baço
sinal da morte? Falámos de uma dor
num fundo esbatido. Falámos do grito mudo do teu corpo.
Falámos de amor.

Modos de Música

DE TI

Em que acto natural vimos a carne
desfazer-se nos arcos da memória?
Tenho impressa na alma a fugidia
distância que me dás.

Que acto de paixão ou de soberba
pode conter o que há em tanta luz,
íntima descrição da natureza·
ou corpo por haver?

DE MEMÓRIA

Nunca te surpreendeu o sorriso estático
das imagens antigas? Alguma coisa aqui
tivémos de perder. Percorro dias e corpos na memória,
mas o que procuro mais é não te ver.

Quem ama quem? As máscaras trocaram-se
e a tua voz ressoa neste palco.
Trouxe versos e música para te dar,
mas o rosto que tivémos já partiu;
fiquei eu só, à beira da memória,
água do mar que não serve para beber.

Porque esta foi a paixão, o grande acto,
a tímida paixão de asas de chumbo.
Eu vi-te muitas vezes frente ao mar,
mas quem de nós para acender a cinza?
— ronda-nos a ave de presa despojada
sobre os malefícios. Aliás, coisas passadas.

Não te surpreendeu? O amor
surpreende — não convém, desarruma.
E nunca se ama ao certo quem se ama.
Procuramos apenas um brilho,
um brilho muito intenso no olhar,
um brilho que não vamos definir
e que algum dia iremos renegar.

Modos de Música

DE ESQUECER

Demorei-me muito tempo ao pé de ti.
As portas fechadas por dentro, como se encerrasses
o amor e a lei. Demorei-me demais. Ao fim da tarde,
nesse mesmo dia que já morreu,
olhámo-nos devagar, mas distraídos. Diria até que anoiteceu.

Nunca falámos do amor que chega tarde.
Nem o interpelámos (como se já não pudesse
ter nome). Fingia ter esquecido o teu corpo
nas muralhas. Nas areias.

Vês aqui alguma figura? Ninguém vê.
Repara no ponto preto que alastra na margem do quadro,
nas minhas lágrimas desse tempo.
Relê.

MOZART A UM ANJO

Decerto viste a minha última cabriola:
nada que te envergonhe, a mesma técnica
transtornada até tocar subitamente o seu contrário,
o mesmo rigor à beira da surpresa,
o mesmo desespero da invenção.
Uma peça, dois modos, a ária que deixei
para a tua voz.
Toquei ontem o teu rosto, ou sonhei-o talvez
no rosto de uma mulher. Assim ficaríamos algum tempo,
até que o riso nos devolvesse
à ordem do mundo. Agradeço-te
a música, a leveza, tudo o que desmente
a inspiração.

Tocamo-nos sempre onde se esbate
a ordem e o perfil das coisas: os dias derradeiros da inocência,
a luz amortecida já num fim de império.
Lutamos abraçados até de madrugada
e toda a noite escuto o que me disseste
na voz de uma mulher.
Morrerei eu assim de te saber mais forte?
Ou saberemos nós compadecer?

Modos de Música

DE AMOR (2)

Mata-me mais silenciosamente do que a fome
e só ele me quer.

Poesias Reunidas 1985-1999

POST-SCRIPTUM

Que rumor consegue ainda magoar-te,
deixar-te inquieto e só à volta das palavras?
Que rumor pode levar-te a escrever assim,
circunspecto e árido,
escassos versos?

Modos de Música

ENVOI

Modos de Música

ENVOI

ao Fernando Pinto do Amaral

*Perdoa-me Fernando, mas deixei
de poder escrever mais "melancolia".
Há usos que nos gastam, mas o verso
não tira as rugas da fotografia.*

*E sei que em todos nós (pesada cruz!)
persiste uma tenaz melancolia:
o verso que partiu, a sua luz
perdida escurecendo o meio-dia...*

*Às vezes pressentimos, outras vezes
tentamos resgatar a melodia.
Não ousamos porém: tantos reveses
teceram nossa capa de ironia!*

*(Falamos da acédia, desse luto
que faz baça a flor e tolhe o fruto).*

INCIPIT

(à memória de David Mourão-Ferreira)

E se em vez das palavras fosse um eco
de pura solidão que te chamava?
E se em vez doutro nada fosse um erro
e se em vez do presente fosse nada?

E se em vez da memória fosse o sopro
da pura solidão adormecida?
E se em vez da ausência fosse o corpo
e se em vez de um só verso fosse a vida?

É só jogo de ausências este verso
ou espelho numa leve madrugada,
feito engano de luzes e disperso
batimento de remos na jangada?

(Náufragos de nós mesmos sem saber
as imagens que o verso quis perder).

Modos de Música

QUATRO ROMANCES

Modos de Música

ROMANCE DOS CORPOS

Nunca saí de casa,
nunca saí de mim.
Onde fiz tábua rasa
irei ter o meu fim.
Nunca temos o corpo,
tudo nos diz que não
— e vem-nos de um deus morto
a só consolação.
De nunca possuir
é feito o nosso amor:
como vamos mentir,
sequer fingir a dor?
E como possuir
o que não tem figura?
Não podemos cingir
o que é só desmesura.
Os corpos que passaram
pela luz deste verso
só em ti encontraram
o amargo reverso
que lhes deu um sentido:
meu carreiro disperso,
meu luzeiro escondido.

ROMANCE DE NÓS

Estou à beira do mar,
estou à beira de ti.
Ardem no meu olhar
os sonhos que não vi.
Tudo em nós foi naufrágio,
não quisémos saber:
fizémos nosso adágio
do que não pôde ser.
Que resta do amor
a quem é como nós?
Envergonha-me pôr
em verso: «somos sós;
sós como amanhecer
às avessas do mundo;
sós como podem ser
as areias no fundo;
somos sós e sabê-lo
é negar o pronome
que de nós fez novelo
e por nós se consome».

Modos de Música

ROMANCE DOS VERSOS

Ninguém nos tem amor
por dentro da poesia:
ri-se da própria dor
o que a dor esvazia.
Ninguém nos tem amor
pela luz do deserto:
fez-se imprecisa a cor
e o brilho mais incerto.
Ninguém nos tem amor
na desfeita harmonia:
fez-se ausente o rumor
do verso na poesia.
Perdem-se ao mesmo tempo
dois modos de ilusão:
este amor violento
e o que foi da canção.

Poesias Reunidas 1985-1999

ROMANCE DO NÃO

Eu não sei que país
há na tua canção:
eu não tenho raiz,
sou figura do *não*.
Apareço nos sonhos
para melhor me esconder
e em poemas bisonhos
que se vão esquecer.
Sou o lado da terra
que se vira para dentro
e da sua miséria
faz louvor e sustento.
Sou o anjo da História,
aquém da invenção,
a perdida memória
que se quis negação.
Sou o resto que canta
nas ruínas do mundo,
o apelo que lança
o navio do fundo.
Sou coisa sem sentido,
sem ordem nem maneira:
nem sequer fui perdido,
perdi-me à tua beira.
Vens saber que procuro,
não sei bem que dizer

Modos de Música

(desenha-me no muro
a saída de ser).
Não procuro o amor:
quando olhei o teu corpo
colhi nele o fulgor
que é sonho de um deus morto.
Nem peço ao teu olhar
a surpresa de ser:
não foi de nos lembrar
que aprendemos a ver.
Não terei tua voz
sequer no que imagino:
não fizémos de nós
desenho nem destino.
Eu não sei que país
me ensinaste a esquecer,
mas nem só no que diz
o verso pode ser.
Trouxeste-me as imagens
do mar e do deserto
e só nessas imagens
nos vimos mais de perto.
Não é só ilusão
nem só realidade.
Cantámos este *não*
por dentro da idade
que nos coube viver:
nem verso nem verdade,
o que não pôde ser.

Modos de Música

DOIS MODOS DE MÚSICA

Modos de Música

DOIS MODOS DE MÚSICA

O equívoco, a certeza
dos teus passos no escuro;
a noite sem consolo,
demasia da alma.
Que me queres, donde vens?
Não conheces abrigo?
Quis-te em vão para saber
a cor do teu perigo.
Conheces a glosa,
o tom escuro do verso?
Não sei a tua prosa,
tudo em nós foi diverso.
Mas isto eu já sabia
quando principiei:
ouço na poesia
o que nunca te dei.

O quereres e o estares sempre afim
do que em mim é de mim tão desigual
faz-me querer-te bem, querer-te mal,
bem a ti, mal ao quereres assim
infinitivamente pessoal[1].

---

1. Caetano Veloso.

Poesias Reunidas 1985-1999

Vale a pena na noite
tecer esta conjura?
Os versos que te dei
são só literatura?
Eu nunca entenderei
a chave desta cifra:
em tudo quanto amei
duas músicas distintas.
São dois modos de música
em que arde o coração:
este amor literal
e o que é só da canção.

Modos de Música

MODO MENOR

Modos de Música

1.

Nem a sede do corpo
nem o só estremecer
que eu já vi no teu rosto
posso aqui refazer.

Mas falar neste tom
e calar os sentidos
é tornar noutro dom
os desejos perdidos.

(A música desperta
fez-se aqui ar e dança:
é só alma deserta
ou jogo de criança).

2.

O que na tua voz
em demasia atrai
não é o que de nós
pelo verso se trai,

mas a própria dureza
que dentro da ternura
ensina que a beleza
é dissonante, impura.

(Se eu soubesse dizer
o que há na tua voz,
nela iria esconder
esta luz que é de nós).

Modos de Música

3.

Se eu tentar entender
o que foge de mim,
na canção irei ver
o desenho do fim.

Mas sei que recomeça
noutro lado a canção:
seu crescer atravessa
desvario e razão.

Não brinquedo de corda,
como queria outro Mestre:
é sublime discórdia
a que tudo estremece.

4.

Que fazer da ternura
que a música perdeu?
Seu apelo não dura,
o fulgor já morreu.

Acender da memória
neste fogo pisado:
descobrimos a glória,
o vazio deslumbrado.

É só coisa mental
este amor que perdura:
não há corte ou final
numa só partitura.

Modos de Música

5.

O curso deste rio
é feito de pensar
o silêncio mais frio
que há por dentro de amar:

onde nada nos chega,
nem a voz atravessa
esta ausente incerteza
que nos trai e dispersa;

onde nós não vivemos,
mas brilha no olhar
o que não nos dissémos
nem pudémos calar.

Poesias Reunidas 1985-1999

6.

De repente parou
essa fonte tão pura:
sua água escoou
pelo meio da verdura.

A figura de pedra
conservou no seu gesto
o que jamais se nega,
seja brilho ou só resto.

Passámos por aqui?
Nem num sonho. E a vida
não é quem nos sorri
da pedra derruída.

Modos de Música

FINDA

Modos de Música

APENAS UM SONETO

O delicado desejo que te doura
e nos dura na pele quando anoitece
é contra a nossa vida que se tece
e é no verso que vive e se demora.

Amor que não tivémos nem nos teve
veio-nos chamar agora. De repente
fez-se névoa a palavra do presente
e luz teu corpo que toquei de leve.

Mas se arde na memória da canção
o corpo que me deste e me fugiste,
o verso é outro modo de traição

por que minto ao que nunca tu mentiste.
E enganamos assim o coração,
disfarçando de mitos o que existe.

MÚSICA CALADA

Dizias que nos sobram as palavras:
e era o lugar perfeito para as coisas
esse escuro vazio no teu olhar.

E demorava a dura paciência,
fruto do frio nas nossas mãos vazias
que mais coisas não tinham para dar.

Dizia então a dor o nosso gesto
e durava nas coisas mais antigas
a solidão sem rasto que há no mar.

Modos de Música

CANÇÃO NOCTURNA

À volta da folhagem o nevoeiro
fez frio o anoitecer. E o desejo
foi só a decepção por conhecer.
Cantemos sobre a terra.

Um arrepio na pele o teu desejo
(mais do que podias esconder).
À volta da manhã o nevoeiro
faz frio o corpo se te não esquecer.
Cantemos sobre a terra.

Que mais viveste aqui, coração raso,
só dor no meio das trevas por dizer?
À volta do amor o frio do mundo
e a pele por estremecer.
Cantemos sobre a terra.

Poesias Reunidas 1985-1999

«Le gel nie la fleur et le chant. Mais dans le désert du gel fleurit une fleur paradoxale, dans son silence résonne une insistante disharmonie, et de cette floraison "hirsute", comme de cette atonalité polaire, renaissent, à l'évocation vibratoire du vers, simultanément la musique heureuse et sa disparition désespérée»

Jacques Roubaud, La Boucle

Outras Canções
1998

O receio da morte é a fonte da arte.
(Ruy Belo)

Outras Canções

I

Andante

Outras Canções

DOS POETAS

para a Fiama

Com pérolas de vento, escassas sílabas
se faz o que perdura: e artefacto
se diz o que demora na lembrança
e dos afectos traz palavras soltas
que cantam só por dentro da memória.
Assim poetas falam do que dura.

Poesias Reunidas 1985-1999

DAS MUSAS

para o Nuno Júdice

Que rosto se define
ao fundo da memória?
É o canto do cisne
indizível da História?
É incêndio de amor
numa branda figura?
Ou intenso fulgor
que entre só dois perdura?
É rosto que não sabes
e não queres esquecer?
Que cifras e que chaves
terás para o esconder?

Outras Canções

DA POESIA

Nalguns versos habita a solidão
mais nua e mais deserta da surpresa,
amor que vem parar à nossa mão
como se ao predador viesse a presa.
Mas outras vezes dura mal no tempo
a paixão que no tempo foi acesa:
e andam folhas a rodar no vento
com versos que sobraram de uma vida
e não duram no verso ou sentimento
mais do que restos de paixão antiga.
Nalguns versos se faz a solidão,
mas noutros levantamos contra a vida
o que rasa as palavras da paixão
e só no fim sabemos que é poesia.

Poesias Reunidas 1985-1999

TRÊS POEMAS PARA MARGARIDA VIEIRA MENDES

Eu tive mortos e deixei-os ir
(R. M. Rilke)

1.

Regresso à ilha dos mortos

Voltaste a visitar-me, encantamento,
e eram só os teus passos que eu esperava:
era a morte no fim do pensamento,
era o verso preciso que buscava.

Voltaste ao pé de mim, sem te queixares.
Voltaste para mim, sem desafio.
A morte não mudou: os seus teares
trabalham todo o tempo o mesmo fio.

Foste o encantamento e o terror
que deu à minha vida o seu sentido.
Podes chamar-lhe fuga, medo, amor,
em todo o seu esplendor coração ferido.

E digo encantamento esta miséria
que a morte em todos nós veio acordar:
já floresce cruel por sobre a terra
a relva que não podes alcançar.

Outras Canções

E já nada te dou — pois todo o verso
vem-nos tecer de morte a alegria.
Mas digo encantamento este regresso
que a morte dentro em nós tece e desfia.

2.

Para um retrato

Lia, pensava, estudava, descobria, escrevia:
e o olhar tão frágil penetrando as coisas
todas vãs, todas mudáveis, como as prosas perdidas.
Algumas vezes sentíamos não a merecer — eu, pelo menos,
[sentia-o.
Como se a inteligência das coisas e dos seres
a ganhasse e uma doce e brava inconsciência,
inocente de si, imune aos outros,
tão livre e tão rebelde como nós
jamais saberíamos ser. E com isto
nenhuma afirmação a sobressair, excessiva, para o mundo,
a não ser no rigor ardente da inteligência e da paixão
de conhecer — sem concessões, sem transigências,
sem transacções com imagens a brilhar no espelho. Isento.

Esse olhar não nos fita nunca mais.
O seu rigor nos guarda: amor não trai.

As citações pertencem, a primeira a um texto de Manuel Gusmão saído no *Público* quando da morte de Margarida Vieira Mendes, a segunda a um poema de Sá de Miranda.

Outras Canções

3.

Feita de música

De tanto amor por fim se tece a morte,
que nem dizê-la nem escondê-la sei:
mas às vezes, deitado ao rés da terra,
feita de música, escuto-a como lei.

Poesias Reunidas 1985-1999

TRÊS POEMAS DE VIAGEM

1.

Um museu abandonado

Tantos gestos de amor que se perderam
repousam nestes quadros, nestes gessos:
só uma dobra escusa da pintura
sugere o que de dentro foi regresso.

Tantos gestos de amor, tanta invenção:
como a morte perdida foi momento
de breve encontro, engano, sedução
de quanto em nós de pedra se fez vento.

Tantos gestos de amor que não perduram
foram nas árvores seiva interrompida
e no desenho oculto da pintura
são a raiz e o chão da nossa vida.

Mas ao vento, lá fora, duram árvores
nas folhas já de seiva renascida.

2.

Um templo

E chegámos ao templo. Era Paestum.
As colunas tocámos devagar.
À volta o mesmo sol, o mesmo mundo.
Que podíamos mais ter ou falar?

Há paisagens que os mortos não conhecem.
E Paestum fica aquém de se morrer.
Nenhum amor tocou os que atravessam
os caminhos vazios deste saber.

Esta rocha que ao sol arde mais fria
consome-nos os gestos e as palavras.
A paisagem que eu sonho acordaria
o coração — mas faltam as imagens.

Um templo. E chegámos. Que nos falta?
Que remédio de ser? Que outras viagens?

3.

De viagens

Um templo. Um museu abandonado.
Será de viagens feita a poesia?
Ou tão só dos seus restos, da memória
de termos sido a morte e o próprio dia?

Como o sol a morrer noutra baía,
desfeito em mar e espuma, redenção
de outra luz que por dentro nos traía,
de outra luz que tecia a solidão,

assim faço poesia da viagem,
como se na viagem da poesia
coubesse inteira e nua a nossa imagem
e um arremedo irónico da vida.

(Um templo. Um museu abandonado.
Um pôr-do-sol em estampa colorida.)

Outras Canções

REGRESSO

> *Amor, saudades tenho desta vida.*
> (Jorge de Sena)

Saudades de outra vida, desta vida?
Que se prende ao meu corpo na tardia
viagem de regresso?

É entre duas vidas a viagem?
Mas sempre regressamos e a tarde
pousa nos membros lassos
de passagem.

Que se prende ao meu corpo
e é tão tarde?

LUANDA REVISITADA

Envelhecemos os dois. Tuas ruínas
falam de guerras que eu não vivi.
A sombra cai sobre os meus gestos,
fogem os anos dentro do verso.

Escura velhice. Onde azedou
o caldo amargo, porque do fogo
não ficou rasto? Abri a mão
sobre as ruínas. Disse o silêncio
que se avizinha.

Outras Canções

AVES EM LUANDA

Garças no meio do lixo: breves, esguias,
buscando que comer; aves de prumo
a debicar dejectos.

Se levantam seu voo em leve bando,
resta-nos só o estertor do lixo
a desfazer-se ao sol.

Poesias Reunidas 1985-1999

A UMA AMIGA ANGOLANA, VINTE ANOS DEPOIS

Quando eu cheguei a ti adormeciam
as balas nas paredes desoladas.
Fazia-se silêncio da coragem,
do coração à beira das granadas.

Quando eu cheguei a ti dizias «guerra
fez-nos crescer o sangue e foi raiz».
Falavas doutra gente, doutra terra,
mas só na guerra vi o teu país.

Reencontrei o espanto, o coração,
o leque das imagens desgastadas,
um verso desbotado, uma paixão
— tudo de tanto amor se fez em nada.

É possível aqui traçar um fio
que desenhe outro tempo na memória?
Qual foi o teu incerto desafio?
Teu corpo pôde ser motor da História?

São perguntas que faço. Reencontro
no teu olhar o sangue e a raiz.
Mas sabemos demais. E já não conto
tantos anos de cinza. Que nos diz

Outras Canções

o profeta da História desarmado?
Os mortos interpelam devagar.
Há minas neste solo desolado.
Já mal lembro o teu corpo. Vês-me olhar?

Poesias Reunidas 1985-1999

APROXIMAÇÃO DE OURO PRETO

Nem abrigo de reis nem ventura de príncipes:
tão só campanários a equilibrar com as aves
pequenos jogos de ar
na luz estremecida.

Outras Canções

ANOITECER DE OURO PRETO

Nas gelosias se quebra
toda a luz; e toda a graça
que em raios de sol se dispersa
faz-se cinza nesta praça.
Nos altos sobrados velhos
das casas com seus fantasmas
um vulto vem de joelhos
trazer-me a pena das almas.
Anoiteceu; mas aqui
nesta praça de Ouro Preto
tantos rostos que entrevi
foram sombras de um só medo.
Porque os mortos me procuram?
Quantos crimes cometi?
Cai tão cedo a noite escura
que nem sei o que vivi.

Nas gelosias se perde
o desenho de uma vida:
sou eu o vulto que acede
à janela escurecida.
Fui eu que traí a senha,
sou confidente e algoz:
ninguém há que me detenha!
Nenhum cavalo veloz

Poesias Reunidas 1985-1999

pode alcançar-me, prender
meu corpo em dura prisão:
que os traidores hão-de vencer,
pois a História é só traição.

Escondo-me no sobrado:
oiço passos que perseguem
o riso dos conjurados,
torturando até que neguem.
Escondo-me pelos confins
da História que já não lembro,
de que não sei mais os fins
nem os vãos ardis retenho.
Sou eco do que falou,
o escondido delator,
o que em tratos revelou
até segredos de amor.
Oiço a dor dos torturados,
fui eu que traí a senha:
não há cavalos alados
nem tropa que me detenha!

Anoiteceu. Gelosias
fecham no sobrado as almas.
E as palavras são tão frias
como negras aves calmas.

Outras Canções

CANÇÃO DA MULHER DO SOLDADO

Até à noite é que estaremos juntos,
logo partirás:
de sons de guerra no clamor do mundo
a História se faz.

Até à noite dormiremos juntos
em precária paz:
ecos de guerra no rumor do mundo
o tempo nos traz.

Meu corpo ao pé do teu descobre o tempo
e a História não sei:
vieram cantos no rodar do vento
mudar-nos a lei.

Outra noite virá e outro fulgor
sobre o tempo baço
ensinará um novo esplendor
ao nosso cansaço.

Outras bandeiras sinto à nossa espera
e novos terrores:
ninguém fechou as portas à Quimera,
fugirão amores.

Poesias Reunidas 1985-1999

A História não tem fim nem há regresso
do que foi derrota.
Tu partes, meu amor: só eu conheço
a canção ignota.

Outras Canções

II

ADAGIO

Outras Canções

NEQUE LUGERE NEQUE INDIGNARI, SED INTELLIGERE

(Espinoza, *Ética*)

Nem o lamento nem a indignação:
tão só o entendimento,
a serena compreensão das causas,
a paixão de conhecer desconhecendo.

O poema cerca de luz um imenso vazio:
mas nele brilha, corruptível, todo o clamor da História,
um indistinto e tumultuoso palpitar
em rude coração.

SEM UM RISO

(Séneca, *Cartas a Lucílio*)

Séneca fala-nos de um governador
que cada noite, com os seus amigos,
encenava o momento de morrer. E conclui:
assim cada dia tenhamos nós o balanço feito
com a vida, com o inquieto coração, connosco
e esperemos logo a morte sem cuidado.
Mas nós chegamos amargos ao fim de cada dia,
roídos de insatisfação e de desejo,
com restos de esquecimento nos sonhos e a vida por cumprir.
Como encenaríamos nós, gravemente, sem um riso,
a hora da nossa morte?

Outras Canções

WHAT THOU LOVEST WELL

para a Didas

E crescemos. À beira de outros rios
foram nossos cantares e nossos frios.

E chamamos velhice esta tristeza
que nos tolhe as palavras e a surpresa.

Não podem devolver-nos o fulgor
que nos brilhou no corpo, quando amor.

Nem podem retocar no teu retrato
estes nós de amargura que eu desato.

Crescemos. Não passámos, simplesmente,
como as nuvens se soltam de repente.

Mas vivemos de ardor e de surpresa
e envelhecemos em paixão acesa.

CANSAÇO

Este cansaço de estar vivo tanto
quanto as finas agulhas do desejo
deixa-me às vezes recusar que vejo,
mas não consente mais que fuja ao canto.

E canto o meu desejo num cansaço
que faz parecer sombrio o mundo todo:
já ecoam nos cantos outros rostos
de multidões antigas, outros passos

que já não sei mais ver, não sei cantar.
Foram vozes perdidas como traços
desenhados pela espuma sobre o mar.

(Só o desejo vive de saber
que o corpo canta aqui o seu morrer.)

Outras Canções

SOMBRA

Na sombra que o cansaço em mim demora
perpassam só memórias que no verso
se tornam alusão inconsistente.

Mas não esqueci teu corpo: que não esquece
o que a memória não reteve nunca
senão no vivo jeito de perder-se.

REENCONTRO

E foi teu corpo ou tu quem encontrei?
Que lembrámos, sem ver, entre sorrisos?
A memória dos versos que te dei,
o feixe de outros lumes mais antigos?

Não foi meu corpo que nos versos dei
nem os gestos de amor que me sobraram:
porque era só do tempo a nossa lei
e há rugas nas carícias que ficaram.

Não te encontrei a ti nem à lembrança:
mas o que se fez corpo neste encontro
foi desejo ou memória? Como dança
que se larga e concentra num só ponto

diz-me o teu corpo que nenhum desejo
deixou de arder no lume em que te vejo.

Outras Canções

DANÇA

Tu ofendes o tempo quando danças
e eu vejo nos teus passos o silêncio
que há em não morrer.

Tu jogas o teu corpo na distância,
mas entre nós desdobra-se a lembrança
de tudo perder.

Se eu pudesse num gesto só reter-te,
como areia da praia nos meus dedos
a fingir o mar,

e um riso ou uma voz de adolescência
da música voraz do esquecimento
pudesse voltar,

então dança de amor aqui seria
todo o tempo negado na poesia.

Poesias Reunidas 1985-1999

CIDADE

E às vezes vem-nos a memória uma cidade
onde nunca estivémos: velho coreto
que no jardim anima o passeio público,
alamedas à volta de um fio de água,
brancas ruas desertas sob o sol.
Se nas ruínas de um escondido tempo
couber esta indiscreta nostalgia,
digamos de nós mesmos tal cidade
como sonho ou matéria da poesia.

Outras Canções

NATAL... NA PROVÍNCIA NEVA

Recordação de neve na cidade:
às vezes os meus dedos procuravam
um conforto de infância ameaçada.

Nos bolsos esgarçados o cotão,
os restos de ternura nunca dada:
sempre se me fez longe o coração.

E o consolo perfeito, sem idade,
das coisas que há por dentro da lembrança;
recordação de neve na cidade:
foi antes do terror, da esperança.

Seja sempre quem sou esta distância
que muda em mim as coisas conseguidas
em dedos que procuram da infância
cotão, ternura, restos de outras vidas.

COLINAS

Imensidão do frio. Colinas lentas.
Este lume que acendes devagar.
Agora se desfazem as palavras
e assoma ao coração outro lugar.

Turvaste já o poço e até o vinho.
Que procuras aqui, nestes lugares,
com pó e esquecimento por caminho,
onde se perde a sombra de a olhares?

Tão só a imensidão de umas colinas
que o frio percorre em suas linhas finas.

Outras Canções

ED È SUBITO SERA

Que nos espera na velhice enorme?
Eu sempre persegui entre as palavras
a luz que na distância distinguia
e além da voz no coração soava.
Envelhecer foi sombra ao rés da terra
a perfilar-se nítida no verão
e a dissolver-se ao brilho da quimera
enquanto dura a música da feira
e arde mais a lembrança e o coração
se faz de névoa e água taciturna
a apagar para sempre o que foi verão.
Como sombras sem música passámos:
ao rés da terra a noite e a escuridão.

A MÚSICA DA MORTE

Já passaram por nós as frias aves,
aprendemos a música da morte.
Ao princípio escurece, um arrepio
vem toldar a memória sobre a pele
e a sombra que deixámos faz-se leve
diferença como eco ou na paisagem
turvo matiz que inquieta de repente:
tudo o que irá esquecer nossa passagem
nos vem olhar agora frente a frente.
Da morte aqui passaram frias aves,
como nuvens sem ar ou mar sem naves.

Outras Canções

À NOITE

Que a noite diga à noite o que ilumina
e nos ordene o verso. Vem, noite antiga,
desprendida da lua e das fogueiras,
retira às coisas vãs toda a medida,
vem despir-te solene à minha beira.

Seja outra noite a noite. Outro o caminho.
Outro o vento a perder-se nas bandeiras.

Poesias Reunidas 1985-1999

GLOSA A UM SONETO DE CARLOS DE OLIVEIRA

Pois sempre nos traímos: de nós próprios
somos traição, secreto descaminho.
E se aprendemos a perder a vida
no mais deserto lume da lembrança,
dizemos do que em nós já desistiu
que maior glória teve em ter esperança.
Acusam-me de mágoa e desalento;
mas deixem-me ficar no fim da História,
como pó arrastado pelo vento,
vivo amor que não cabe na memória.

Outras Canções

ARS LONGA, VITA BREVIS

Agora comecei a estar sozinho.
Há muito que deixei de ser quem sou.
Eu me construo e ergo, deambulo,
na ressaca dos dias me interponho,
mando fazer silêncio onde vou.
Só agora aprendi a estar sozinho.
A cada dia agradeço o respirar
e a cada luz seu halo sobre a tetra,
mas não me peçam rotas, caminhar
como tonto entre sobras da miséria.
Que te resta de mim, subtil arte
dos despojos na sombra das bandeiras?
Consumirei meus dias a louvar-te
e de ti não terei sequer maneira
de compor outra vida de verdade,
entre sobras e restos e saudades.

Poesias Reunidas 1985-1999

EVERY POEM IS AN EPITAPH

Desfiz meu corpo nas vivas marés
que os versos me traziam. Solidão
mil vezes retomada, sombra e pó,
palavras que nos doem mais de perto:
tudo desfez meu corpo e neste mar
um navegante encontra o seu deserto.

Outras Canções

III

LARGO

Outras Canções

CANTO

1.

É como se de encanto em desencanto
teu nome fosse aberto nas palavras
e dentro da voz nua fosse o pranto
e mais além do pranto o que cantavas.

Mais alto que as montanhas indiferentes,
mais fundo do que a dor, além da História,
um canto feito cal: palavras rentes
à desmesura cega da memória.

Mas esse canto passa longe de mim;
essa luz que se acende na distância
foge no mesmo instante que eu a vi:

nem memória nem eco da infância,
tão só fosforescência, esquecimento,
pura voz que rasou o seu lamento.

2.

Tudo rasou teu canto. Não perdoa
ao verso a fina luz do fingimento
nem à música pobre que ressoa
o que debalde imita o sofrimento.

Tudo findou na voz. Ergue teu canto.
Na memória, na luz, na incerteza,
a música não vive sem o espanto
nem dura o verso mais do que a surpresa.

Mais além do sentir e do perdão,
dos versos que se perdem nas palavras,
teu canto nunca foi consolação
e era só essa perda que cantavas.

Para além das ruínas o teu canto;
na História o clamor, o desencanto.

Outras Canções

CAMÕES NA ILHA DE MOÇAMBIQUE: UMA VARIAÇÃO

à memória do Rui Knopfli

Demora-se a manhã nas águas claras
que prometem a vida: este mar
onde o sol se levanta não é nosso,
desconheço-lhe o sal nas minhas veias.
E se os teus olhos inda aqui me chamam,
mais estrangeiro me vês nestas areias,
que um rude forte fez turva prisão,
onde arremato os sonhos e me deito
para esquecer teu corpo e a solidão.
Demora-se a manhã na minha vida
e no meu corpo, qual memória acesa,
vejo marcada a sorte desditosa
de envelhecer sem ti e sem medida
das vidas e dos versos que perdi.

Poesias Reunidas 1985-1999

GONZAGA NA ILHA DE MOÇAMBIQUE: UMA MEDITAÇÃO

De pouco amor aqui se faz a vida.
As redes junto à volta do meu barco:
esqueci-me de pescar no meio da luz
que o mar devolve sempre à areia fina.
Vou estender-me no chão e ouvir a prece
que da mesquita chega e se nos chama
é porque em nossas almas acredita
como mais ninguém já. Irmãos em Deus
ou no Grande Arquitecto ou na luxúria,
aqui nos escondemos contra a vida,
amor de além do mar que em nós ficou.
Meus versos esqueci. Cumpro outra pena.
Marília, mais sonhada que sentida,
durará como rasto do poema
que eu nunca mereci. Meu coração
maior que o mundo não cabe neste verso.

Outras Canções

MORTE DO POETA AL BERTO

Mas tu, quando ouviste a música da morte
caminhaste *com os braços levantados*
e com as pontas dos dedos acendeste
o firmamento da alma. Era Novembro.
A tua ciência desde então foi ver arder
o avesso das palavras, pois tu sempre
foste quem acendia e quem queimava
até a cinza da noite que continhas
num prato ou chávena por demais usados,
já gastos de outros charros, de outras luzes,
que tu, sem nos dizer, apercebias.
Desde essa noite entraste mais no vento
e *cintilante, leve,* como querias,
entraste corpo a corpo pela morte
que te esperava em tudo o que escrevias.

As citações pertencem ao poema de Al Berto *Morte de Rimbaud.*

Poesias Reunidas 1985-1999

A UMA AMIGA, NA MORTE DE SUA MÃE

para a Ana Magaia

Talvez o silêncio que no coração
pedra a pedra deixámos instalar;
ou a insidiosa noite que cresce
dentro de nós; ou o teu olhar
que vacila e tropeça em redor de uma ternura
para sempre arredada.
É este o preço maior do coração.
E agora que chega a nós o grande frio,
maior que a morte, dizes, é o amor.
Mas esta chuva fria nas palavras
quem a irá recolher na nossa vez?

Outras Canções

E LUCEVAN LE STELLE

Demorava a respirar entre os arbustos. E brilhavam
                                                          [as estrelas.

Os cães que o perseguiam, cães da morte,
perdiam-se na névoa de mais longe.
Podia respirar entre os arbustos,
com as estrelas a brilhar por sobre nós.

Quem nos dá caça? Onde brilha, rápido,
o fulgor dessa lâmina assassina?
Podia recompor-se, levantar-se,
sair de entre os arbustos e a noite,
interrogar os ecos de mais longe.

E brilhavam as estrelas. Como vinho
levava à boca as luzes estremecidas,
a música de um sonho meio esquecido,
as perdas de uma vida.

Poesias Reunidas 1985-1999

ENTRE DOIS VERSOS

Se vão da lei da morte libertando? Ou tão só
conchas, pedrinhas, pedacinhos de ossos?
Entre a música sombria feita voz
e os restos que nos deixam nossas perdas
alguma vez pudémos escolher?

Mas se o fizéssemos, *entre a dor*
e o nada,
que escolheríamos? O dom de olhar o mundo
aquém das nossas lágrimas?

As citações pertencem a poemas de Camões e de Camilo Pessanha e
à novela de William Faulkner *Palmeiras Bravas*.

Outras Canções

ELEGIA NO VERÃO

Que faremos das palavras, das imagens
que um vento áspero espalhou por este verão?
As árvores estão vestidas de mais folhas,
esperamos só a música da morte,
sopros e violinos num tremor
que o vento arrasta no seu leve curso,
orquestrando as palavras, o pavor,
numa harmonia cega e sem discurso.

Que faremos aqui, na curta espera
que nos consente a vida e o dizer?
De novo interrogamos as palavras,
tão feridas pela História que não salva,
tão submetidas ao que pode ser.
Que faremos aqui? Sequer morrer?

As tardes são mais longas e na calma
as aves de outro tempo acordariam
a sombra das paixões. Perdeu-se a alma
num confuso novelo de razões
onde versos e verões se confundiram
por guerras e mudanças de estações.
Na luz da tarde ou no clamor da guerra
que a desordem do mundo desfazia

Poesias Reunidas 1985-1999

o clarão destes versos foi a espera
da História que se cumpre e se desfia
nas malhas da memória por tecer:
e arde mais nas palavras o morrer.

Outras Canções

IV

ALLEGRETTO

Outras Canções

ALEXANDRIA

Amamo-nos tanto que não suportamos
ver-nos envelhecer? Mas de que fogo então
fala esta poesia aos velhos confiada?
Carne e espírito que pressentem
no seu intervalo a passagem da morte;
poesia murcha e patética
como pó de arroz na pele que secou;
e a suspeita de um riso de palhaço
onde coisa nenhuma durou.

Amamo-nos tanto como se nos tocasse
este fogo do coração das cinzas?

SOTTO VOCE

No poema
depura-se a linguagem?
O que dizemos e fazemos
tem seu curso no verso?
Oiço à volta de mim falar mansinho
e as sílabas confundem-se nas veias.

Falamos baixo,
como num quarto de hospital.
O que acontece dentro do poema?
Destilação sem preço de linguagem?
Se levantássemos a voz, fugiam anjos?

Concentro-me no verso e cuido a fala.
Quem encomenda ao poeta esta linguagem?
Que preço tem a margem do silêncio?
E quem me responderá, quando eu forçar a porta
e limpar o véu de névoa das palavras?

Outras Canções

UT PICTURA POESIS

Como o pintor desenha no caderno
as sombras e as luzes que adivinha,
há nas nuvens desfeitas, céu aberto
na tarde, um poema que ilumina.

Nós inventamos a tarde e a surpresa.
O pintor sente no mundo a construção
do quadro e vê a cor que vem à mão.
O poema vai da mente para a mesa
e a tarde, sem desenho nem certeza,
vem desfazer-se na imaginação.

ACRÓSTICO PARA PREVENIR CIÚMES

Dizem que em ti se escondiam,
ilha de vinho e de rosas,
ditirambos que faziam
afastar as musas novas,
se a rondar-me se atreviam.

Dizem que tanto fulgor
irradiava essa ilha,
ditoso prémio de amor,
alcançada maravilha:
só redondilha maior

dava medida ao desejo
incandescente de olhar
de tudo e todas sem pejo;
aqui, porém, se lembrar
só imagens tuas vejo.

Outras Canções

GLOSA A UMA ODE DE RICARDO REIS

Tudo o que é sério pouco nos importe,
o grave pouco pese;
trazes-me a beber o vinho da morte
e a terra tão leve.

Tudo o que é sério pouco nos importe;
ao cair da neve
ando pelas sombras e neste desnorte
fez-se o andar leve.

Tudo o que é grave pouco nos importe:
bebo o vinho leve.
Ando pela névoa, nas trevas da morte:
o grave pouco pese.

(PO)ÉTICA

(Kant, Crítica da Razão Prática)

O céu estrelado sobre as nossas cabeças
e a lei moral dentro de nós:
este trabalho de estranhar palavras
foi o modo menor de estarmos sós.

Não esperem ver aqui as formas novas
que o tempo irá um dia consagrar:
ninguém se reconhece nestas trovas,
na música que resta por salvar.

Deixem-me no discurso chão, rasteiro,
sem invenção, acaso ou fantasia;
deixem-me as puras formas, o sequeiro
que estes anos trouxeram à Poesia.

Deixem-me só com a música da morte
e o secreto fulgor do fim do dia.

Outras Canções

V

CODA

Outras Canções

FINDA

A conclusão de tudo é só a morte
e não há mais epílogo nem finda.
Não se termina o verso nem o curso
mudamos à conversa interrompida.

Não findamos o verso nem acaba
o desfazer-se o mar contra esta praia.
A conclusão de tudo é só a morte,
nem o silêncio quebra a sua amarra.

Sequer há conclusão? Sequer há morte
nas palavras deixadas pelos recantos
mais sujos e perdidos do seu norte?

Amor que nos moveu no desalento,
a pátria destes versos foi só pura
imaginação por dentro da memória.

(Mas já outras canções nos estremecem:
longe do coração começa a História.)

Poesias Reunidas 1985-1999

*Ed è il pensiero
della morte che, in fine, aiuta à vivere.*
(Umberto Saba)

OS AMANTES OBSCUROS
1999

De mim a ti, de ti a mim,
quem de tão longe alguma vez regressa?

(Jorge de Sena)

Os Amantes Obscuros

PARÁBOLA

Que dúvida tinhas que o fogo passaria por ti?
Bastava ficares em silêncio, aguardares a passagem do
[vento,
a crueldade das flores acesas, outras luzes ao sul.

O tempo passou, como a carroça dos ciganos a fechar a
[feira.
Aqui só ficaram as tendas mais pobres e escuras.
Ainda acreditas que o fogo passará por ti?

NOITE NOS JARDINS DA GULBENKIAN

para o Pedro Támen

O limo, o lume, as áleas protegidas;
é a noite que chega
sem nos perguntar.

E se o jardim, súbita melodia
nas áleas a perder-se, só memória,
fosse afinal complacência muda
e o nosso grito o lume que defende as áleas
do peso de ser noite?

Mas quem arrisca um grito,
da vida que nos coube?

Os Amantes Obscuros

INSCRIÇÃO

Ama silenciosamente o teu destino.
Nem pátria nem palavras memoráveis
farão durar a luz nos teus sentidos:
alguns objectos que te lembrem, poucos livros
e versos que sílaba a sílaba transfiguras
até entardecer cada palavra.

Teces o teu tremor. E sobre a pedra
a marca que ficar será de ausência.

A BELA ADORMECIDA

Alguém dorme, respira,
com o frio da mente a debruar-lhe o corpo
e os cegos desejos de si arredados.
Alguém a quem eu não diria palavras
que não fossem tardias e ausentes
como as da poesia.
Alguém que, como tu, me vai esquecer.

Alguém respira, o corpo contra a treva,
as palavras do esquecimento como faúlhas acesas
no coração da morte.
Dorme, silencia
— e quem irá depositar mais palavras
    sobre as nossas cinzas?

Inventasse eu a noite, que ainda assim me esquecerias!
Desse-te eu todas as palavras que sobram do fim do
                               [mundo,
a ternura estremecida, a música mais leve —
— nada podemos fazer. Deita-te ao meu lado.
O filme parou. As bobines giram no vazio
e só a luz fria arde sobre a tela. *Amor que a nenhum amado*
amor perdoa. A nenhum amado.
Esta mesma noite tu me irás esquecer.

Os Amantes Obscuros

COMO UM ADEUS PORTUGUÊS

Meu amor, desaparecido no sono como sonho de outro
[sonho,
meu amor, perdido na música dos versos que faço e
[recomeço,
meu amor por fim perdido.

Nenhuma lâmpada se acende na câmara escura do
[esquecimento,
onde revelo em banho de prata as imagens que guardo de ti,
imagens que se desfiam na memória de haver corpos,
na memória da alegria que sempre guardamos para dar a
[alguém,
tremendo de medo, tropeçando de angústia,
enternecidos,
entontecidos,
como aves canoras soltas nos vendavais.

Perdi-te no momento certo de perder-te.
Aqui estão os augúrios, além o discernimento.
O amor em surdina desfez-se no seu dizer,
entre versos pobres, um corpo cansado
e a doença sem fim do desejo mortal.

Apagaram-se as luzes. Nunca o vento da indiferença
me abrirá as mãos.
Nunca abdicarei deste quinhão de luz, o meu amor.

E agora vejo bem como as palavras caem,
não valem,
se desfolham e são pisadas por qualquer afirmação da vida,
da vida que não era para nós.

Os Amantes Obscuros

ROMANCE DA MENTIRA

Nesta noite te procuro
e te perco por tu seres
a falha que há neste muro,
intervalo de viveres.
Nenhum poema guardei
que te desse o firmamento:
cada verso que te dei,
fosse elegia ou lamento,
era além de qualquer lei
e mais forte do que o vento.
Eu sei bem do que a poesia
não pode mais ser capaz,
porque nos teus olhos via
o excesso que a vida traz,
o que só reconhecemos
sob o nome de paixão
e que nunca merecemos
e que nunca tem razão.
Mas o que arde no teu corpo,
o que brilha nos teus olhos
é luz que nos leva ao porto
entre marés e escolhos,
é palavra que nos salva
do dia que vai morrer,
combate que o dia trava
contra a flor do escurecer;
é luz que arde e bruxuleia

Poesias Reunidas 1985-1999

no intervalo da razão,
é a sombra da ideia
no assombro da paixão.
As palavras em que teço
a dor bruta de perder-te
dizem que nada te peço,
que não voltarei a ter-te;
dizem que as rimas são pobres
como pobre foi meu corpo;
dizem que eu finjo e tu cobres
de ternura o que nem sofro.
Só aqui eu posso amar,
luz escura da paixão:
seja o verso o nosso mar
contra as praias da razão.
Seja a poesia o lugar
sem fim da exclamação,
intervalo no jogar
do vai-vem do coração.
Mas nada podem os versos
diante de um simples corpo,
de um seio que brilha mais perto
do olhar em que me solto.
E já não podemos nada,
por dentro da nossa vida,
senão tecer em laçada
teias de amor e mentira.

Os Amantes Obscuros

VARIAÇÕES SOBRE UM MESMO TEMA

A *ferida que dói e não se sente*
abre em nós o vazio de ser gente:

pois só o mal do amor e o seu fogo
faz o homem ser ave antes do ovo.

Que faz de nós humanos? O que fala
ou o pulsar sem fim do que em nós cala

e brilha nos amores por viver,
nas palavras que os versos vão perder,

no respirar a cada madrugada
do que em pó se desfaz e puro nada?

A *ferida que dói e não se sente*
descobre o que é humano no que é rente

ao viver deslumbrado no vazio
das estrelas imersas no seu frio.

Poesias Reunidas 1985-1999

MEIO DO CAMINHO

Quem adivinha amor nesta figura
que se despe gentil na selva escura
a que eu na meia idade retornei?

Será da mesma língua, mesma lei?
Adivinho-lhe o corpo contra a luz,
que eu do escuro de mim me retirei.

A palavra de amor que me conduz
fez de mim cego servo da mudança:
cai com a tua roupa a esperança
e dispo no teu corpo quanto amei.

Os Amantes Obscuros

MADRIGAL DE NOITE

Quem de tão longe à noite que viesse
saberia entregar uma canção?

Arde no mundo tudo o que me deste
em palavras, rumor, respiração:

mas tu brilhas mais forte no que tece
em distância e vazio a solidão.

Poesias Reunidas 1985-1999

EPIGRAMA

Sombra escura de um deus, presença nua
que a meus olhos jamais terá figura:
tu brilhas num olhar que me esqueceu
e, porque não o soube, me escondeu.

Os Amantes Obscuros

MADRIGAL AO JEITO
DE MANUEL BANDEIRA

Em cada dia te encontro,
em cada dia te perco:
estás no escuro do assombro,
estás no riso mais aberto.

Estás em toda a fantasia
e no real mais diverso:
tu és como a poesia
a brilhar fora do verso.

Poesias Reunidas 1985-1999

MADRIGAL AO JEITO
DE CARLOS DRUMMOND DE ANDRADE

As feridas, os factos
acesos na noite;
a dor que adivinha
alvor e esperança.
As feridas, os factos,
a dor na memória;
esta intransigência
que me dita a fala
(ou a só tangência
que me aceita e cala?)
As feridas magoam
tão só na lembrança?
Nossas aves voam
ou tentam a dança?
As feridas, os factos
cruéis do amor:
amar e seus actos
de ter e dispor.
As feridas, os factos,
a incoerência
dos meus e teus passos,
perdida sequência.

Os Amantes Obscuros

SONETO PARA UM FADO

Imagens de Lisboa não te levo,
só tenho a que de mim se desligou:
a pena do destino mais incerto,
batel que de uma nave se afastou.

E choro a viva pena desse barco
levado por mil sombras no timão
ao rumo mais incerto que há no fado:
cego de amor, desperto na canção.

Entre noites perdidas e o mar
rondou no desalento dos meus dias,
dor de tão mal sofrer e bem calar,
a nau onde por ti eu te perdia.

Tu sabes que um soneto pode ser
um fado, se a tristeza assim quiser.

TENTAÇÃO

The only way to resist temptation is to yield to it.
(Oscar Wilde)

Eu não resistirei à tentação,
não quero que de mim possas perder-te,
que só na fonte fria da razão
renasça a minha sede de beber-te.

Eu não resistirei à tentação
de quanto adivinhei nesta amargura:
um sim que só assalta quem diz não,
um corpo que entrevi na selva escura.

Resistirei a te chamar paixão,
a te perder nos versos, nas palavras:
mas não resistirei à tentação
de te dizer que o céu é o que rasa

a luz que nos teus olhos eu perdi
e que na terra toda não mais vi.

Os Amantes Obscuros

A VOZ QUE TU ME DESTE

Por mais que no deserto
das palavras banais
sentisse abrir o verso,
tornando bem reais
imagens que não foram
nem brasas nos sentidos
nem brilho na distância,
mas antes se desdouram,
tornando já esbatidos
o rasto e a errância;
por mais que na demora
que vai de mim a ti
perdesse rumo e hora
e o que nunca vivi;
por mais que aqui te esqueça,
por mais que me renegues,

é aqui que começa,
sem trato nem perdão,
árida flor de neves
ou ardida canção,

a voz que tu me deste.

Poesias Reunidas 1985-1999

DAS PALAVRAS

As palavras mais simples
foram as que te dei;
o amor não sabe outras,
só estas fazem lei.
As palavras de uso
mais comum e vulgar
são as que amor conhece.
Com elas nos pensamos;
é nelas que tememos
desacertos, enganos;
se nelas triunfamos,
já delas nos perdemos.
Com palavras vulgares
se diz o mal de amor,
seu riso, seu espelho,
o que fica da dor.
E todos os mistérios
que se fazem promessa
e se perdem nos versos
e dos corpos nasceram
são aqui cerimónia
evidente e secreta
nas mais simples palavras
que conhece o poeta.

Os Amantes Obscuros

LONGE DO PARAÍSO

Tão longe do Paraíso,
tão perto do que nos falta!
Quanta razão, quanto siso
ao pé do que sobressalta!
Longe do nosso juízo
vive a memória mais alta:
a sombra do Paraíso
que por vezes nos assalta.
Mas deste rumor contido
renasce uma voz mais alta
que diz ao nosso sentido
o sentido que lhe falta.
E é longe do Paraíso
e é da memória mais alta
que vida, razão e siso
são alegria que exalta
o coração, puro riso
que em festa se sobressalta.

Poesias Reunidas 1985-1999

OS AMANTES OBSCUROS

Nossos sentidos juntos fazem chama:
e as fantasias nossas vão soltar
os desejos desertos de quem ama
e em verso ou coração se quis tornar.

Nossos sentidos são matéria prima
de um canto que é mais leve do que o ar;
o mundo todo não nos adivinha:
somos sombra sem luz, sequer luar.

Que o corpo quebre a noite desolada,
que o corvo ceda a voz à escuridão:
mil luzes são o nome da amada;
quem se perdeu no verso é sem perdão.

Os Amantes Obscuros

RIME PETROSE

Por toda a claridade da manhã,
por ti, que eu encontrei quando era tarde,
recordo o entardecer nesta manhã
e outro amanhecer colho na tarde.

E dizes que um encontro é a manhã
aos que só se conhecem quando é tarde,
que as rosas também morrem de manhã
e as terras florescem pela tarde.

Como a pura alegria da manhã
foi conhecer-te, inda que já tarde,
num verso inauguramos a manhã,
mesmo quando sabemos que outra tarde

desceu na poesia e que a manhã
do amor só surpreende quando é tarde.

GLOSA DE SÁ DE MIRANDA

Que fogo anda entre nós? Não é passado
este desejo que arde nos sentidos?
Memórias são desejos esquecidos,
mas dura em cada corpo o mal deixado.

Negamos num sorriso qualquer chama;
e conversamos mais e já perdemos
no rumor da cidade onde nos vemos
os elos que teceram nossa trama.

Resta-nos este ardor de imaginar:
onde nascem os versos e os sentidos
se inflamam tão só do seu cuidar.

(Mas como são desejos esquecidos,
se duram na poeira que há no ar
e deles regressamos divididos?)

Os Amantes Obscuros

ESTA CIDADE

Só no teu rosto leio esta cidade,
pois só um riso teu a ilumina:
o que podia ser a felicidade
é um riso a pairar sobre a ruína.

Se a beleza promete a alegria
e oferece depois a dura morte,
nenhum outro milagre se fez dia:
amor maior foi que nos deu a sorte!

Mas no riso e no rosto que semeias
colho o sabor da breve tempestade
que veio roubar ao mar suas areias
e nos tornou estranha esta cidade.

SONETO DA INFIDELIDADE

Toda a poesia é feita de traição
e ao que somos fiéis já não sabemos:
da terra de que vimos só retemos
memórias que nos duram sem razão..

Escondemos na poesia o que não sabe
seu nome nem seu canto na memória:
escondemos na poesia não vitória,
mas restos de viver, o que não cabe

na fria tábua rasa da experiência
destilando sem fim na consciência
o mais fino licor da emoção.

É infiel ao verso a poesia:
nela se apura a noite contra o dia
e a nós mesmos nos trai no coração.

Os Amantes Obscuros

EXÍLIO

à memória de Jorge de Sena

Da terra que se torna nevoeiro
em que a poesia nasce e sobrevive,
dessa escura distância de estrangeiro
que fez de ti escravo de seres livre,

sei que nunca direi quanto queria.
E não da consciência que a ti era
saber que em cada verso há outra vida —
— tão só deste fascínio que me espera

junto ao olhar vazio de que a grandeza
desesperadamente é feita ou faz-se:
pois aprendi contigo que a beleza
do nada dessa angústia é que nos nasce.

Poesia é voz do exílio e só dura
entre a névoa que a terra faz escura.

Poesias Reunidas 1985-1999

NÓS NÃO SOMOS DESTE MUNDO

Para a solidão nascemos. Outras vozes
nos chamam e invocam, outros corpos
se perfilam radiosos contra a noite.
Nós não somos daqui. Num intervalo
de campanhas esquecidas nos dizemos,
abrindo o coração aos de passagem.
Mas quando a manhã chega nós partimos,
mais livre o coração, longa a viagem.

Os Amantes Obscuros

DADOS BIOGRÁFICOS
PARA UMA ANTOLOGIA

Vinte e um de Novembro? perguntaste;
e o ano em que nasci e o não dito
esplendor dos corpos que larguei
e o rumor onde viveu a amargura
e as palavras que não vêm nos poemas
brilharam um momento nesse dia
que tu escreveste para não esquecer.
Mas onde ouvi bater sob o meu nome
a data que faltava, a de eu morrer?

Poesias Reunidas 1985-1999

OUTRO EPITÁFIO

Erraste pois o curso dos teus anos
e a solidão te espera, mas já volta
o sabor desses dias tão amargos
de que se fez o mel da alegria.
Se ouvires devagar à beira de água
o tempo que deixaste por viver,
verás num só olhar quem procuravas
e saberás que é tarde para morrer.

Os Amantes Obscuros

SONETO DO ESCURO

para a Didas

Amor, tenho saudades de outra vida
feita só de mil dias transparentes:
não te esqueças de mim, se vires perdida
esta voz nas palavras mais ausentes.

Porque é perto da morte que escrevemos,
cada verso contém uma ameaça:
e a ternura maior que nos dizemos
é feita de penumbra fria e baça.

Se a voz se dá no verso e na medida
é medo, meu amor, mais que vontade:
o verso nada pode contra a vida;
sabê-lo é a nossa liberdade.

É medo que nos versos esconjuro,
como riso vibrando no escuro!

O ULTIMO AMOR

Era o último amor. A casa fria,
os pés molhados no escuro chão.
Era o último amor e não sabia
esconder o rosto em tanta solidão.

Era o último amor. Quem adivinha
o sabor breve pela escuridão?
Quem oferece frutos nessa neve?
Quem rasga de ternura o que foi verão?

Era o ultimo amor, o mais perfeito
fulgor do que viveu sem as palavras:
Era o último amor, perfil desfeito
entre lumes e vozes e passadas.

Era o último amor e não sabia
que os pés à terra nua oferecia.

Os Amantes Obscuros

SONHO

Numa casa de vidro te sonhei.
Numa casa de vidro me esperavas.
Num poço ou num cristal me debrucei.
Só no teu rosto a morte me alcançava.

De quem a morte, por terror de mim?
De quem o infinito que faltava?
Numa casa de vidro vi meu fim.
Numa casa de vidro me esperavas.

Numa casa de vidro as persianas
desciam lentamente e em seu lugar
a noite abria o escuro das entranhas
e o teu rosto morria devagar.

Numa casa de vidro te sonhei.
Numa casa de vidro me esperavas.
Fiz do teu corpo sonho e não olhei
nas palavras a morte que guardavas.

Descemos devagar as persianas,
deixámos que o amor nos corroesse
o íntimo da casa e as estranhas
cerimónias do dia que adoece.

Poesias Reunidas 1985-1999

Numa casa de vidro. Num espelho.
Na memória, por vezes amargura,
por vezes riso falso de tão velho,
cantar da sombra sobre a selva escura.

Numa casa de vidro te sonhei.
No vazio dessa casa me esperavas.

Impressão e Acabamento
EDITORA LIDADOR LTDA.
R. Hilário Ribeiro, 154 - Pça. da Bandeira
Rio de Janeiro • RJ
Tel.: (021) 569-0594 • Fax: (021) 204-0684